Weil du darfst

Theresa Conrady

Weil du darfst

Theresa Conrady

Impressum

Bilder: Annika Kloska

Cover: Federica Prestileo und Mateo Leon

© 2021, Theresa Conrady
Herstellung und Verlag:
BoD – Books on Demand, Norderstedt
ISBN: 9783755755432

*Gewidmet allen, die sich da nicht
ganz sicher sind.*

Vorwort

Ich habe viel zu lange nicht begriffen, was meine Seele „darf".

Je nach Umfeld fühlte ich mich so starken, aber verschiedenen Erwartungen ausgesetzt…

Ich wollte sowohl die fragile Poetin als auch die vor Hoffnung strotzend selbstsicher nach vorne blickende Christin, sowohl die reliable Erwachsene als auch verträumt-lockere Freundin sein - zwar liebevoll, doch nicht liebesbedürftig und schon gar nicht peinlich rotwangig verliebt.

Der Spagat zwischen all diesen Zielen bewirkte im Endeffekt nichts Anderes als das

Ich war nichts davon ganz, doch in Allem unauthentisch. Egal wo ich wie stand, war ich stets bemüht, eher eine glänzende Seite meiner selbst zu zeigen als die ehrliche.

Keine Pointe. Ein Prozess.

Irgendwann schrieb ich nieder: „Nicht das Fallen ist das, was schmerzt – sondern das Nicht-fallen-dürfen viel mehr".

Doch wie sollte ich meine Emotionen und Gedanken existieren lassen, wenn ich sie selbst kaum noch wahrnahm? Ich hörte diese innere Stimme nicht mehr, die in keine meiner sorgfältig geschliffenen, oberflächlichen Schubladen passte. Ich musste wieder lernen, ihr Raum zu geben.

Kennst du das?

Diese Gedichte aus den letzten fünf Jahren beweisen, dass ich trotz all dem zu jedem Zeitpunkt ein empfindendes Wesen war. Ich erinnere mich wieder an durchgeweinte Kissen, zusammengebissene Zähne, ein bescheuertes Grinsen… und bin stolz auf meine Emotion.

Wenn du willst, lach mich aus für kindliches Träumen, finde Liebesgedichte peinlich, verurteile mich fürs Straucheln und Zerbrechen und lehne Gott ab, bei dem ich Heimat finde. Dem ich alles zu verdanken habe, was ich heute bin.

Du darfst reagieren, wie es dir entspricht.

Aber ich hoffe, diese Texte erzählen nicht nur meine Geschichte, sondern ein stückweit auch deine. Lass dich fallen, zerbrich, und träume mit meinen Worten. DU DARFST.

Soli Deo gloria.

Du darfst…

Vorwort   6

… träumen

Raus   16

Das Meer   18

Feuerwerk   20

Der Traum   21

Todo Llegará   27

Kleine Welt   29

Sehnsucht   32

AUSBRECHEN   34

Rückblick   36

Wenn ich nur frei wäre…   37

... straucheln

Überflutet 40

Gott vergib mir, denn ich weiß nicht, was ich
tue 41

Danke, aber 47

Altes, neues Land 49

BITTE… 51

Disharmonie 52

Die hoffnungsloseste Aussicht meines Lebens
53

Ich 54

Überfordert 57

Storytime 60

... zerbrechen

Stiftansetzen 64

Schrei 65

Karussell 66

Potentiale 68

Schwere 72

Unausgeglichen 73

Warum   74

Wie siehst du denn wieder aus?   77

Schlaflos   83

Meine linke Hand   84

Keine Liebe   85

... lieben

Herzschlag   89

Alles an mir   90

Aufgetaut   93

Billige Liebe   95

Eine Entscheidung?   97

Frühlingskitsch   100

Gleichgewicht   102

Mit dir   105

Nichts für immer   107

Sie   108

Was   109

... ankommen

Du bist immer noch Gott 113

Aufatmen 116

Das Tor 117

Dem Urheber 119

Die Begegnung 120

Die Entscheidung für Dich 124

Er 126

Fragezeichen 127

Gedanken 130

MEHR 133

BONUS: Testimony Time 138

Epi(stel)log 144

DANKE! 146

Vita 147

... träumen

Raus

Nimm mich mit…
Ich weiß nicht mal,
mit wem ich rede, doch allein schaff ich´s nicht -
nimm mich mit.

Allein schaff ich´s hier nicht raus,
komm nimm mich mit und gib mir alles,
was ich brauch.
Ich sehe es in deinen Augen,
du willst es doch auch-
ich nehm´ dich mit.

Wir fliegen schneller
als die Schmetterlinge im Bauch
und viel höher
als wir uns eigentlich trau´n,
Hauptsache raus.
Hören jede Art von Musik, Hauptsache laut.
Hauptsache lauter als die Stimme der
Gesellschaft,
die es süßlich verstellt schafft,
uns die Sicht auf Freiheit zu verbauen;
uns verbietet, ihr in die Augen zu schauen.

Hier und jetzt will sie unsere Freiheit rauben,
weil wir so schnell Freizeit für Erfolg verkaufen,
Konsumgütern und Beförderungen nachlaufen,
Individualität für fremde Ideale eintauschen.
Ich will das alles nicht mehr sehen, lass uns
abtauchen.

Nimm mich mit.
Bitte zeig mir, dass das nicht alles ist.
Zeig mir, dass es hier noch mehr gibt!
Nimm mich mit in das verbotene Land,
komm, wir leben den verbotenen Zustand:
FREIHEIT.

Das Meer

Das Meer, das Wasser und die Wellen
können meine kühnsten Sehnsüchte stillen.
Auf das Ausmaß seiner unendlichen Weiten
sollen sich nun meine Gedanken ausbreiten,
die mich sonst auf Schritt und Tritt begleiten;
doch hier nun endlich wegschwimmen
und frei sind.

Diese Freiheit,
die nach mir schreit
und während ich mich hier losreiß´
fragt, wo ich bloß bleib…
ich könnte loswein´
hab mich nach diesem Moment so lange gesehnt.

Endlich trübt kein menschlich Versagen mehr
das Bild,
welches mir solch prachtvolle Schönheit
enthüllt.
Im Meer gespiegelt glitzert die Sonne mich an,
von blau umrahmt wie der schönste Diamant.

Sie lacht mir entgegen, als wüsst´ sie genau
mit welch kindlicher Bewunderung ich ihr
Abbild anschau´.

Wie verlockend sie auf mich wirkt,
sodass ich mich ganz in ihrem Glanz verlier´.
Während meine Sorgen zurückbleiben
und erfrieren,
widme ich mich, Natur, ganz dir.

Du wirst nicht wie Menschen über mich urteilen,
mir nur meinen gerechten Lohn zumessen-
all die Menschlichkeit ist auf einmal vergessen,
wo dein schönes Antlitz weilt.
Kein Mensch kann je mit seinesgleichen
nur dem Abglanz deiner Schönheit schmeicheln.

Feuerwerk

In mir regt sich etwas wie ein Feuerwerk,
wovon jede Flamme ihre Geschichte erzählt,
jede einzigartig, von unschätzbarem Wert.

Nur eine ist vorhersehbar,
die rote natürlich, die von Nähe schwärmt.
Auch grüne, die von Hoffnung sprechen,
ermutigen, dass alle Dinge besser werden
und alle Schmerzen schon enden werden.
Auch orangene mischen
sich dazwischen,
gereizt ungeliebte Namen zischend.
Blau sind manche, deren Funken tanzen,
teils perfekt
und teils gar nicht ins Himmelsbild passend,
die von Träumen erzählen und träumen lassen.

Schwarz sind wieder andere,
wie der dunkelste Gedanke, der
die Sicht auf sich gern verwehrt,
aufkommt und vergeht, ganz unbemerkt.
Er tritt nachts vermehrt auf,
denn ist erst das Licht aus
sieht niemand, wie er kommt und geht.
Unfassbar vielseitig ist mein Feuerwerk.

Der Traum

Ich schau in deine tiefgrünen Augen.
Will einfach ein- und nie wieder auftauchen,
denn sie lassen mich endlich wieder an ein
Morgen glauben.
Und daran, schwerelos zu fliegen
und bedenkenlos zu lieben.

Deine Augen können mich
aus dieser Welt befrei´n.
Wir fangen an und hören auf,
wir selbst zu sein.
Jetzt reiten wir zusammen auf den Elefanten,
die uns grade noch zertrampelten.
Und der Donner, der uns grade noch
zusammenzucken ließ
unterliegt uns jetzt, ist nur noch Melodie zu
unserem Lied.

Wir können zwar nicht singen,
doch so wie wir´s machen ist´s perfekt
und jeder Ton, den wir nicht treffen,
wird von einem Chor aus Vögeln abgedeckt.
Und tanzen können wir eigentlich auch nicht,
doch wir tun es einfach –
nicht so wie es gut aussieht,
sondern so wie es uns frei macht.

Ich schau dir in die Augen und spüre endlich –
Heimat.
Wusste nicht, wie hoch ich fliegen kann, bis du
mich befreit hast:
von richtig, falsch, der Welt, mir selbst,
von Logik und von Schwerkraft.

Und „Fliegen ist nicht schwer", sagst du zu mir.
„Lass dich nur fallen und fang an,
alles zu verlier´n.
Denn Freiheit, die nur du hast, ist zu glauben,
was du denkst.
Frei von Erwartungen aller anderen -
komm, lass alles los, was dich abhält."

Deine mutigen Augen schauen mich an
und du reichst mir die Hand
und schon wieder verfall ich deinem Bann, lass
mich endlich entführen in phantasievolles Land.

Ich hab´ mich noch nie so wach gefühlt, wie in
diesem Traum.
Noch nie so real lebendig wie in diesem
undimensionalen Raum.
Wir zwei haben´s geschafft, Mauern ab- und
Brücken aufzubauen
und ich kann endlich wieder in den Spiegel, nach
hinten und nach vorne schauen.

Will dieser Welt in deinen Worten
unser Leben anvertrauen.

Denn weil hier keiner nichts hat,
haben alle alles.
Und wenn nur ein Herz Licht hat,
entfachen wir ´nen Waldbrand.
Und jeder, der uns sieht, spürt:
auch er brennt bald,
rennt bald
nicht mehr durch Dunkelheit mit Eisklötzen an
den Füßen,
sondern kann mit ihrem Wasser
bald das süße Pflänzchen „Hoffnung" gießen
und es genießen,
mitzukriegen,
wie daraus schöne, bunte Blüten sprießen
und wieder hast du mir bewiesen,
dass wie alles gewannen, als wir alles weit
zurückließen,
wer wir waren, woran wir dachten,
sogar wie wir im tristen Alltag hießen.
Lass uns all das mal mit ´nem Feuerwerk
in den Himmel schießen!
Endlich beschließen,
Probleme abzuschließen
wie Kerkertüren.
Noch drei Mal in die Decke schießen,

damit sie ihre Niederlage spüren,
und nicht mehr berühren noch entführen.
Ich will einfach nur die Augen schließen
und deine tiefe Stimme hören.

Und „Fliegen ist nicht schwer",
sagst du zu mir.
„Lass dich nur fallen und fang an,
alles zu verlier´n
Denn Freiheit, die nur du hast, ist zu glauben,
was du denkst.
Frei von Erwartungen aller anderen -
komm, lass alles los, was dich noch hält."

Jetzt hänge ich an nichts mehr,
außer an deinen Augen.
Jetzt denke ich an nichts mehr,
weil sie mir den Verstand rauben.
Jetzt hängen wir an nichts mehr,
nicht mal mehr am seidenen Faden,
stürzen uns von jedem Abhang,
weil wir nichts mehr zu verlieren haben.

Seit wir für diese Unabhängigkeit all unsere
Aufgaben aufgaben
und dem Vorhaben, alle Vorgaben
zu befolgen, ohne Folgen zu bedenken
verbaten, uns weiter einzuschränken.

Ich schau auf deine Uhr ohne Zeiger
und sag, dass es für immer nur so weiter
gehen soll.
Und schau auf deinen Terminkalender,
er ist ganz voll:
Jede Minute jedes Tages beschrieben
mit zwei Worten: Leben lieben.

Oh, ich liebe dieses Leben mit dir.
Es gibt nur dich und mich und nichts und alles
und ganz viel WIR.
Wir folgen einem Kompass ohne Norden,
ohne Sorgen.
Wo wir ankommen, sehen wir morgen
und wir torkeln,
wie besoffen vor Glück.
Keine Ahnung wohin –
jedenfalls niemals zurück.
Und wir tanzen
durch den Sommerregen.
spüren endlich mal wieder,
wie sehr wir leben.
Und wir rennen,
weil uns hier nichts mehr hält.

Kein Plan wo wir grad sind,
vielleicht längst in ´ner anderen Welt.
Und wir schauen

uns in die Augen.
Du nimmst meine Hand und wir trauen
uns endlich zu springen,
in den Fluss der Freiheit,
tauchen
einfach ab und schwimmen,
merken, dass wir nichts mehr brauchen.

Ohne Karte fühl ich mich endlich auf dem
richtigen Weg.
Weil der grenzenlosen Schönheit
kein begrenztes Wissen mehr im Weg steht,
weil es endlich nicht mehr drum geht,
dass irgendwer mich
und meine Träume versteht,
weil ihr mir einfach nur noch nachseht,
während ich abheb´.

Und „Fliegen ist nicht schwer", singen wir.
Lassen uns fallen und fangen an, alles zu
verlier´n.
Tun das freiste, was wir tun können, glauben
alles, was wir denken.
Lassen alles los, woran wir
hingen.

Todo llegará

„Todo llegará…" singst du in mein Ohr.
Ich schau verträumt zu dir hoch
und weiß nicht, wie oft noch.
Vielleicht heut zum letzten Mal,
vielleicht noch in einem Jahr,
keinen Plan.
Weil man so etwas nicht planen kann.

Mein Plan hatte dich nicht vorgesehen.
Er sah dich nicht kommen
und er sieht dich nicht gehen.
All das wird von selbst geschehen,
auf diesem Weg.
Ich habe mich dagegen lang gewehrt,
minutiös geplant,
wie es sich für Deutsche gehört,
doch dabei ständig selbst erlebt,
dass das Leben schon während wir planen
andere Wege geht.

So hat sich jedes Silvester bewährt:
Es gibt nur einen Vorsatz, der wirklich zählt.
So wenig haben wir selbst in der Hand
und doch ist jeder Moment eine Chance.
Wir können das Kartendeck nicht ändern,
doch selber den Umgang damit wählen.

Deshalb gilt für mich ganz gleich jedes Jahr:
Ich gebe mein Bestes und ansonsten…
Todo llegará.

Ich bin eigentlich auch großer Fan des Planens!
Des nicht Keine-Ahnung-habens
wo ich schlafe heute Abend.
Doch ich glaube, dass wir uns damit oft selber
schaden.
Sind wir denn bereit, auf Wunder zu warten?
Geben wir ihnen gar eine Chance?

Ich weiß, wir alle arbeiten, studieren und leben.
Wir haben Freunde, Familien, Pflichten,
begrenzte Kapazitäten.
Responsibility is real,
das Leben ist kein Zufallsspiel.
Dennoch ist Kontrolle eine Illusion.
Wer von uns weiß denn wirklich schon
wann das nächste Virus kommt?
Das Leben grenzt uns genug ein.
So lasst uns doch ab und zu frei sein.

Ich wünsche echt jedem mal einen Moment,
an dem man tief durchatmet und einfach nur
denkt:
Ganz kurz ist mir mal alles egal.
Denn ich weiß: Todo llegará.

Kleine Welt

Du entsprichst keinen Schönheitsidealen
Und bist doch das Schönste,
was wir je gesehen haben.

Du hast uns nichts Gutes getan,
aber wirst unbeschreiblich geliebt.
Du bist so unselbstständig,
aber doch so frei,
denn in deiner Welt gibt es noch keine Zeit.
Dort gibt es keinen Stress, nur Frieden,
weil die Menschen, die dich lieben
sich ständig um dein Wohl bemühen,
weil wir dich so gerne glücklich sehn,
wenn du schläfst.

Auch ich seh´ so gern
in dein friedliches Gesicht,
weil es wortlos
zu den Tiefen meiner Seele spricht
und meine Illusion von Leben für Erfolg
zerbricht.
Was ich jetzt zu tun hätte kümmert mich nicht,
ich schaue dich nur an und du ziehst mich mit.

In diesem Moment wird die Welt wieder klein.
Dein Anblick lädt mich ein,
wieder Teil dieser Welt zu sein,
ohne Zeit.
In dir wird die Welt plötzlich wieder so leicht.
Ich merke, Liebe sollte nicht verdient, sondern
bedingungslos sein.

Grenzenlos sein,
wie meine Gefühle es jetzt sind.
Längst kann ich nicht mehr in Worten denken,
weil Emotionen ihre Grenzen sprengen.

Narnia

Holzverkleidete Freiheit
Wiederhallende Weite
Zwei Stimmen nur, ohne Eile.

Turmspitzensteigen,
sich aus dem Fenster neigen,
die schönsten Zimmer zeigen.

Taschenlampenerleuchteter Garten,
zu oft musst du auf mich warten,
denn ich muss in Momenten baden,
blaubeurer Klosterwinde atmen
und mich fragen,
ob hier Narnia,
oder dieser Ort tatsächlich wahr ist.

Ich weiß, hier ist ein Arbeitsplatz,
wo meine Alltagsblase platzt
und ich mich fallen lassen kann
gedanklich tanzend durch den langen Gang.

Ich grinse still in mich und aus mir heraus.
Momente wie solche hatte ich so gebraucht,
so saug ich alles auf
aus dem schönen, alten Bau.

Sehnsucht

Geschlossene Augen
und Gesicht gen Himmel -
Ich will nichts mehr sehen, aber weiß,
wo ich hin will.
Ich will weg von hier,
endlich Leben spüren,
den Ruf der Freiheit hören,
entgegen der menschlichen Taubheit.
Ihr Gehör schenken, der Stimme,
die stumm schreit,
die es mit mir nur gut meint,
doch mein Gemüt öfter entzweit,
als sie es eint.

Sie erlaubt der Sehnsucht in mir, zu leben,
will mein Gefühl von Lebendigkeit heben,
auch wenn Sehnsüchte oft mehr Schmerz als
Frieden ergeben.
Denn Sehnsucht heißt nicht nur,
dass man das, wonach man sich sehnt, sucht,
sondern auch die Sucht,
Dinge oder Menschen zu sehen,
ohne selbst zu verstehen,
warum sie einen so großen Platz im Herzen
einnehmen.

Doch *Frieden* heißt meine größte Sehnsucht,
deren Erfüllung die Natur für sich beansprucht.
So viel „mehr" geben mir Sonne und Mond,
Wälder und Meer,
als in den besten Menschenworten
zu finden wär´.
Also Herz weit öffnen, Augen schließen -
diesen Augenblick „zuhause" genießen.

AUSBRECHEN

Manchmal fühle ich mich so normal, dass keine
Norm mich mehr fassen kann.
Und so arm,
dass ich alle Reichtümer der Welt in mir spüre
Und so heiß, dass alle um mich herum erfrieren.
Und so unabhängig,
dass ich danach süchtig werde.
Und so in der Freiheit angekommen, dass ich
dort für immer gefangen bleibe.

Manchmal scheine ich einfach nur das werden,
was ich nie sein wollte.
Ich will Revolutionen starten, obwohl alles
genau so passt, wie es ist.
Mein eigentlich zufriedenes Herz sucht Krieg,
um Frieden zu finden.

Ich komm mir vor, als wäre ich verhasst für
meine Beliebtheit.
Und dafür bekannt,
dass mich niemand echt kennt.
Und so unberechenbar,
dass man immer auf mich zählen kann.
So schön, dass man mich nicht ansehen will.
Und ein Vorbild,
obwohl niemand wie ich werden will.

Mit jedem Wort folge wohl einer Logik,
die für niemanden Sinn gibt.
Und überzeuge mit einem Charisma, das nicht
einmal mich selbst anspricht
in einer Schrift, die ich selbst nicht lesen und
einer Sprache, die niemand übersetzen kann,
obwohl man sie anscheinend doch versteht.

Und ich habe Sehnsucht nach dem Unsichtbaren.
Und ich hoffe, irgendwo auf dem Weg Frieden
zu finden.

Rückblick

Der Weg hinter mir
wie meine Locken so wirr.

Mir selbst meist gänzlich unverständlich,
doch von außen betrachtet so prächtig.

Irrungen, Wirrungen, verlassene Pfade,
verblassende Farbe,
kein Platz für die Last mehr.

Nur noch Erinnerung an den Kampf,
den äußeren Glanz
zu wahren.

Voranzuschreiten, vorwärts nur
mit ebendiesem Ziel
zurückzublicken auf all das,
was einst gefangen hielt.

Als Überwinderin der Tortur
siegreiche Zeugin;
und doch beginnt täglich alles von Neuem.
Wo stünde ich nur ohne der Hoffnung Treue?

Wenn ich nur frei wäre...

„Wenn ich nur frei wäre, würde ich..."
Ist das der nutzloseste Konjunktiv?
Sollte ich nicht lieber konstruktiv
etwas verändern,
anstatt mich ganz tief
im futuristischen „wenn, dann"
zu verheddern?

Was verhindert diese Freiheit,
bei dem nicht letztlich mir die Wahl bleibt?
Liegt die befreiende Wahrheit
in der simplen Erkenntnis,
dass ich oft selbst meines Gefängnis
statt Glückes Schmied bin
und den Weg da raus nie find,
solang mein Kopf auf das Verhängnis,
in dem ich bin, beschränkt ist?

Die Frage ist, ob ich bereit bin,
meinen Blick stark zu erweitern,
dann könnt´ ich endlich begreifen
wofür ich all den Eifer
in mir
nutze ohne Verlieren,
sodass er sich rentiert.

Vielleicht muss ich nicht mal den Job
hinschmeißen,
die Welt bereisen
oder tagelang zuhause bleiben,
je nachdem.
Sondern nur meine Geschichte so umschreiben,
dass es endlich auch um mich geht.

Das, wofür mein Herz schlägt,
warum mein Puls hochgeht,
ist Passion, für die ich leb,
doch nur, wenn ich ihr Gewicht geb.
Denn wenn ich das nicht seh´ –
ist mein Potential schon verschwendet
und mein Weg schon beendet,
bevor er losgeht.
Wer bin ich?
Und wann glücklich?
Sind offensichtlich Fragen,
die mehr in sich tragen,
als sie verraten.
Allein, dass viele sie nicht ertragen,
zeugt von ungeheuerem Potential, denn
die Veränderung könnte radikal sein.
Sobald wir endlich begreifen, dass Glück
Nicht nur von außen abhängig ist,
sondern auch in unsren eigenen Händen liegt.

... straucheln

Überflutet

Überflutet vom Regen aus Emotionen,
gewaltvoll hin und her geworfen,
mitgerissen mit den Wogen
dieses Eindrucksflutenstromes.

Ja, ich bin glücklich und ja, auch verletzt.
Manches bedrückt mich und manches versetzt
mich in Freudenatmosphären,
ach so schmerzend, ach so wertvoll.
Wer soll
mir nur je mich selbst erklären?

Ich weiß meist nicht genau was ich fühl –
Nur, dass es schwer ist und viel.
Und was ich will?
Dass meine Geschichte sich drehe,
ohne mir Sicherheit zu nehmen –
kann es keine Pointe ohne Spannungsbogen
geben?

Kann ich mich nicht der Liebe stellen,
ohne mich mit mir zu quälen,
keine andre Route wählen
als jene durch mich selbst?

Gott vergib mir, denn ich weiß nicht, was ich tue

Ich bin so verloren auf der Suche
Wahrscheinlich nach Dir
Doch ich kann´s nicht definieren.
Weiß nur,
dass ich falsch bin, wie immer,
dass es kalt wird und ich zitter´
und ich mich mal wieder verirrt hab.

Mein Verstand glaubt Dir alles, was Du sagst,
doch womit ist mein Herz gestraft,
wenn es nicht dabei bleiben kann,
ständig klopft Leiden an
und verweigert dann
den Frieden, den Du mir doch zusprachst
und nach dem ich auch wirklich gesucht hab.
Hätte sein Kommen nur länger gedauert?
Doch Du behauptest ja, dass Du mich kennst,
sogar die Haare meines Kopfes zählst
und ich sei Dein Kind.

Doch wie kannst Du dann meine Leere
überseh´n?
Wie kannst Du nur all die Schmerzen
übergeh´n?
Oder bin nur ich das Problem?

Ich hab es Dir doch erzählt,
hab doch den „guten" Weg gewählt,
doch Trost hielt nur für den Moment.
Kognitiv weiß ich viel sicher.
Doch ich fühl mich, als wärst Du nicht da,
warum bist Du nicht mehr sichtbar?
Ich will ja
nur Deinen Trost.
Deine Hoffnung gegen meinen Frust,
Deine Reinheit gegen meinen Schmutz,
Deinen Geist gegen meinen Durst.
Und ich weiß nicht, ob ich einfach
mehr Einsatz zeigen muss;
Denn oft genug fühl ich mich immer noch
durstig.
Auch wenn mir natürlich bewusst ist,
was Jesus am Brunnen lehrt:
dass der Vater uns erhört
und uns Gutes nicht verwehrt.

Aber warum tut dann vieles so weh?
Und warum du scheinst so weit weg?
Ist auch der Tröster Alkohol
nur ein Griff zur Flasche,
solltest Du doch noch mehr nah sein,
ich Dich nicht neben, sondern in mir tragen
und Du auf all meine Fragen
längst Antworten haben.

Aber Vater, diese scheiß Flasche verführt,
denn ich kann sie berühr´n,
sie an meine Lippen führ´n
und gleich dann spür´n,
wie alles leichter wird.
Doch so einfach ist das nicht,
meist wirft mich das weiter zurück,
als ich eigentlich bin
und ich trete zu Dir hin
und bitte um Vergebung.
Nicht nur fürs Trinken, sondern fürs Fliehen,
denn eigentlich bist Du mein Ziel
und Deine Liebe, was ich will.

Doch oft erscheint mir diese Welt so lieblos.
Das macht mich traurig
und ich will bloß
mehr davon,
in mir drin, um mich herum –
bedingungslose Wertschätzung
nicht geknüpft an immer mehr Leistung.
Und ich weiß, das ist genau,
wie Du mich siehst.
Nur ist manchmal gefühlt
ein Mensch näher bei mir,
Blicke sehr intensiv,
als wir mit´nander spielen

sehe ich ihn herkommen
spür dieses Herzklopfen,
genau diese Wertschätzung,
von der ich mehr möchte
und erst zu spät bemerke,
dass sie mich so leer lässt
und als er mich dann verlässt
schau ich nur verletzt
hinterher.
Bitte Gott, vergib mir.

Ja natürlich weiß ich,
dass diese Wege falsch sind
und ich mich verhalte
als ob ich keinen Halt hätt´.
Dabei bist Du doch da,
vergisst mich niemals
und das ist mir auch klar,
trotzdem unterscheiden sich fühlen und wissen
manchmal.

Ich bin ja gewiss, dass es Dich gibt,
weil der Schmerz mich nicht zerbricht
über das Gewicht meiner Fehler
und ich meine nicht einmal Dir gegenüber
sondern vielmehr mir selbst.
Oft bin ich so verletzt
wegen der Konsequenz

des vergangenen Abends
und ich merke, ich will keine anderen Arme
als nur Deine, in die ich jetzt renn.
Mit denen Du mich jetzt wieder auffängst,
als würden uns nicht Welten trenn´,
was ich sonst so häufig denk´.

Vater ich brauche Deine Gnade,
in der ich mein Zuhause habe,
obwohl ich mich dauernd frage:
Wirkt sie denn da erst?
Ich glaube, Du kannst mich vor vielem
verschonen,
könntest mich früher schon zurückholen,
ohne dass ich erst verlorengehen müsste.
Doch wie oft sehe ich außer Angst nichts mehr
und flüchte.

Vater ich weiß oft nicht,
was und warum ich es tu.
Tief drin weiß ich:
Was ich echt brauche bist Du.
Doch oft scheinen mir andere Wege viel leichter
und im Vergleich zu denen
Deine Stimme viel leiser,
doch ich weiß ja, sie bleibt da.

Ist Dir wirklich nichts unmöglich,
bitte ich Dich: Hilf mir, schneller umzukehren.
Ich weiß, Du vergibst mir gern,
doch erspare uns zuvor den Schmerz.
Hol mich näher zu Dir, mein Herr.

Danke, aber

Ich bin so dankbar für Freundschaft,
Liebe, Verständnis
Auch wenn Menschenverstand
stets begrenzt ist.
Am dankbarsten bin ich, dass Du mich noch
besser verstehst.
Wenn ich mal nicht begreife,
was in mir vor sich geht,
was mit mir schon wieder nicht stimmt,
während die Umstände doch super sind.

Eigentlich bin ich so reich beschenkt,
wenn man bedenkt,
woran Leben hängt.
An Nahrung überreich versorgt,
darf ich leben an einem schönen Ort
in Gemeinschaft, ohne Feindschaft,
wo man Aufgaben noch vereint schafft.

Wieso wollen wir Menschen immer noch mehr,
schöner, größer, wertvoller,
gut ist selten genug
nur am besten wird gemessen
und wenn grad alles passt –
cool, aber schon an die Zukunft gedacht?

Was ist, wenn mein Plan und Ziel
Gar nicht so funktionieren, wie ich es will;
Und ich plötzlich im Nichts steh,
was wird aus meiner Geschichte?
Und wo soll ich hin mit solchen Gedanken –
Zu Dir, dem sie eh schon bekannt sind
und von dem mir bekannt ist,
dass meine Aufgabe nur Dank ist
und der Vater den Rest dazu gibt.

Eigentlich weiß ich ja, dass das genug ist,
Dein Weg immer gut ist
und ich in deiner Hand,
wo mir nichts passieren kann.
Wann kommt das wohl auch im Herzen an…

Altes neues Land

Neue Kapitel einer bestehenden Seele
Gähnende Leere
Wo Herzlichkeit wäre,
wäre ich nicht eingestiegen,
sondern gleich geblieben,
wo ich eines liebte:
mich in dieser Welt,
wo mich eigentlich nichts hält,
dort vereint, doch hier getrennt.

Ich wollte leben,
Leute sehen,
begegnen, verstehen und geben.
Stattdessen bin ich hier
in diesem Trott und erfrier
fast an Blicken.
Ich verliere,
was ich Glück nenn.
Was soll diese
Geschichte?

Deutschland, mein hassgeliebtes Nest.
Du hältst mich fest
und behauptest, ich sei dein.
Sag mir, wie kann das nur sein,
wenn uns doch kaum etwas vereint?!

Meine weiße Farbe
und deine Flagge
passen wie Butter zu Brot,
Almosen zu Not.
Doch ich weiß nicht wo
dieses Band ist,
das mich anzieht,
viel mehr noch als dein Schoß.
Als wäre mein Platz anderswo.
Da wo ich zwar nicht geboren,
doch anfing zu leben.

BITTE...

Bitte irgendwer
sprich mir was zu!
Bitte sag mir, ich bin genug.
Sag, meine Ambition findest du gut.
Sag schon, was so in mir ruht.

Oh, welchen Hohn ich mir antu´ -
Kontroverse Diskussionen
aus konträren Positionen,
unerklärte Emotionen,
die Entscheidungen erfordern.
Wer bin ich, dass ich mich äußer´?
Bin ich weise, gar bedeutsam?

Bin ich meiner Gegenüber würdig,
auf Augenhöhe, ebenbürtig?
Sollte ich nicht manchmal leise bleiben,
einfach schweigen,
statt heiße Eisen
anzupacken
und einzuweisen
in die Schneisen
meiner Gedanken;
zu reden ist mir wichtig.
Doch ich muss lernen, zu verzichten.
Sonst mach ich mich zu verletzlich.

Disharmonie

Verwirrt.
Wohin mit den Gedanken,
wenn sie in mir so taktlos tanzen.
Nicht auszudrücken in Musik,
keiner mir bekannten Rhythmik.

Durcheinander so viele Buchstaben,
deren Kombination keinen Sinn haben,
ich kann nur raten –
doch ihre Sprache nicht verstehen,
weil mir zu viele Vokabeln fehlen.

„Ich spüre Schmerz, ich spüre Sehnsucht",
höre ich mein Herz erzählen.
„Lass das nicht zu, sonst geht´s dir nie gut",
antwortet mein Kopf da schnell.

Es streiten Dur und Moll ganz unharmonisch.
Dass ich das nicht begreif,
ist vielleicht
mehr logisch
als komisch,
wenn ich mich dauernd vernein.
Doch Ich sein kann ich eben nur *daheim*.

Die hoffnungsloseste Aussicht meines Lebens

Du bist die hoffnungsloseste Aussicht meines
Lebens,
ein nichts versprechendes Bestreben,
im Innersten ständiges Aufgeben
und doch unverständliches Aufzählen,
von Gründen, doch nicht zu gehen.

Du bist eine Sonne mit Gewitterwolke,
weil dich zu sehen mir viel bedeutet,
gleichermaßen Schmerz und Freude,
Extreme beider Horizonte,
die ich noch nie einen konnte.

Du bist wohl nichts als eine Fata Morgana.
Zwar bist du real da,
auch gefühlt oft fatal nah,
doch dabei unantastbar –
dennoch ist nicht von dir lassbar.

Doch was nützt es, wenn ein Magnet sich wehrt?
Ich bin dankbar für das, was ich lernen werd',
wie durch jeden Schmerz -
und ja, du bist den wert.

Ich

Fühl mich wie eine Schatzsucherin
nach dem Frieden in mir.
Irgendwo tief unten muss er doch sein,
hinter all den Mauern
und doppelten Böden aus Stein.

Ein Ort, an dem sich lachen und weinen
mit Geist, Körper und Seele vereinen.
Wo ich mein Spiegelbild annehmen kann,
ohne zu versuchen, etwas zu ändern daran.
Wo eine Zufriedenheit mit mir und der Welt
jede Imperfektion in den Schatten stellt
und die Rastlosigkeit dort gefangen hält.
Sodass ich sie fast nicht seh´,
weil ich im Licht steh.

Doch die Narben, die mein Gesicht trägt
erzählen meine Geschichten
und die kann und darf nicht jeder lesen,
denn sie beschreiben alles was ich bin,
mein ganzes Wesen.
Das unter der Maske,
das mit der Masse
leicht verstecken spielt,
weil niemand entdecken will,
ob da vielleicht noch mehr ist und was,

denn mit mir als Sonnenkind macht das Leben
auch Spaß.
Mit diesem glücklichen Menschen
und allzu beliebt,
der immer gut drauf ist, stets Hoffnung sieht,
diese Hoffnung an Menschen weitergibt
und oft beneidet wird
um dieses glückliche Leben
als sorgloses Wesen.

Ich beneide sie ebenso, diese schöne Fiktion.
Vielleicht kann ich sie ja deshalb so gut spielen-
aus der tiefen Sehnsucht, mich so zu fühlen
und das gelingt auch manchmal, unter vielen.
Doch bin ich allein,
setzt diese Rastlosigkeit wieder ein,
die ständige Angst, nicht genug zu sein,
gar nicht so gut zu sein,
wie sie alle mein´
nicht so viel zu können,
wie sie meinen zu erkennen,
nicht so viel zu lachen,
wie sie immer dachten,
weniger zu denken,
viel mehr Zeit zu verschwenden
und mir zu viele Sorgen zu machen.

Doch wenigstens kann ich immer wieder
Lächeln schenken,
meine Mundwinkel so lange verrenken,
bis der Funke überspringt,
ich kurz aufhöre, nachzudenken,
mit den Gedanken die Sorgen enden
und kurz die Hoffnung gewinnt.

Momente wie diese
geben dem Leben wieder Sinn,
weil ich merke, dass ich immerhin
zu Gutem fähig bin.
Denn Liebe ist immer das große Ziel.

Überfordert

Dauernd sehe ich mich um und fühl so viel,
doch all mein Denken, es bringt ja nichts.
Täglich gibt dieses schwere Spiel
meinem Herzen mehr Gewicht.
Auch wenn´s nicht bricht,
bin ich gewiss,
es ächzt, und meist nicht glücklich.

Ich nehme wahr, also bin ich.
Ich sehe zwar, aber bin nicht
wirklich da, zu empfindlich
für all das, mir wird schwindlig.
Und langsam verschwind´ ich
versink´ ich
in unergründlichen Tiefen.
Verschwimm nicht!
Nur du bist mir geblieben
mein Verstand!

Gedankenströme fließen
schwerwiegend
mich herunterziehend.
Abgetrieben
fühl ich mich ganz.

Ach schwer zu lieben
bin ich doch.
Kaum geschieden
von diesem Joch
such ich immer noch
den höheren Sinn
und frag mich ständig nur: wohin?

Regentänze

Ach, gibt es Worte, gibt es Klänge
Gibt es Farben zu erkennen
Wer ich bin und wie ich denke?

Gibt es Türen zu meinen Tiefen?
Wenn ja, wie sind sie aufzuschließen?
Wenn ich es wüsste, würde ich`s tun?
Die Leichen wecken, die dort ruh`n,
mehr Leid entdecken als schon nun?
Ist das meine Pflicht,
als Bewusstsein dieses „ich"?

Was wenn es bricht,
das Herz, das nicht
darüber spricht
längst hat es sich
gewandt zum Licht,
dem Schmerz den Rücken gekehrt.
Ihm das Niederdrücken verwehrt,
doch er schreit und schreit, bis man ihn hört.
Seiner Existenz gewahr
geh ich dennoch auf Distanz
geknebelt vor Angst
vor der Dominanz
dessen, was da unsichtbar
Regentänze tanzt.

Storytime

Was soll schon meine Geschichte sein?
Und was davon will ich auch teilen?
Ein offenes Buch sein
mit voll beschriebenen Seiten,
die Leser durch Höhen und Tiefen begleiten,
egal, ob sie dafür bereit sind -
ob ich das will, bin ich nicht ganz sicher.
Denn sonst ist meine Geschichte
für niemanden sichtbar
und es gibt durchaus Kapitel,
die ich lieber für mich hab –
ist irgendwann Stichtag?

Der Tag, an dem ich nicht mehr verstecke,
wie mich bisher mein Leben prägte.
Oder prägte viel mehr ich?
Jedenfalls erdrückt mich das Gewicht
von all dem, was mich noch mitnimmt.
Oder nehme ich es mit?
Bei jedem Schritt
Richtung Freiheit
bei jedem Blick
in den Spiegel, der mich anzeigt
und direkt in mein Herz trifft,
das mich dazu nur anschweigt -
entzweit.

Denn jede Narbe, die mein Gesicht trägt,
erzählt eine Geschichte,
weil Schmerz nie auf Wunden verzichtet,
nein, stattdessen so viel vernichtet
von der idyllischen Wärme,
die ich mal spürte
bevor meine Hand die Flamme selbst berührte.

Ich würde gern eine andere Geschichte erzählen
und mich dabei in ein besseres Licht stellen.
Fühl mich jetzt wie eine Dramaqueen,
weil ich wie Rapunzel gefangen bin.
Obwohl sie jede Schuld von sich abweisen kann,
weil an ihrem Leid Schuld nur andere traf.
Das ist ein Luxus, den ich nicht hab´,
denn ich war und bin so extrem fehlerhaft,
habe es schon viel zu oft geschafft,
geliebten Menschen Schmerzen zuzufügen
und sie um ihre Würde zu betrügen.

Ich glaub, wenn ich nicht Jesus hätte,
wäre das eine unsprengbare Kette,
dieser Hass auf mich selbst.
Er hat die Leichtigkeit meines Seins entstellt
und wenn ich nicht wüsste, dass Seine Liebe
dem standhält -
was, was hätte ich noch auf der Welt?

Meine Geschichten von nur 18 Jahren,
die mich zu der,
die ich jetzt bin, gemacht haben,
verstehe ich jetzt nicht ganz, wahrscheinlich nie.
Gott sei Dank führe nicht nur ich die Regie,
mir ist ja schon meine Verantwortung zu viel.
Sie führt jemand, der mich liebt.
Mich vergeben lehrt, mir selbst vergibt.
Voll Dankbarkeit merk ich,
ich darf langsam verstehen
mich selbst und die Welt
aus Seinen Augen zu sehen.
DANKE.

... zerbrechen

Stiftansetzen

Unsicheres Stiftansetzen.
Unsichtbare, tiefe Schmerzen,
die mich schreiben lassen,
doch das Schreiben hassen,
denn beim Schweigen passen
sie nirgends nicht hin.
Sie müssen sich niemandem aufzwing´,
sind keines anderen Ruin.

So empfinde
zumindest ich sie.
Meine Kugelschreiberzeichen,
die wohl nur für meine eignen
Gedanken ein Ventil sind,
anderen bestimmt zu viel sind,
denn wenn ihre Stimmung tief sinkt,
beschuldige ich mich selbst,
euch genommen zu haben,
was mir so häufig fehlt,
ohne gewonnen zu haben,
weil Leichtigkeit während sie kommt schon
wieder geht.

Schrei

Tonloser Schrei
vor Beginn schon vorbei.
Unerwünscht in der Kehle,
kehrst zurück in die Seele
und breitest dich aus,
Leiden zuhauf
sind nun bei dir zuhaus´,
aber keines dringt raus.

Angst vor dem NEIN
Dem DU DARFST SO NICHT SEIN
Dem ALL DAS IST NUR SCHEIN
Schränken mich ein,
während ich wein,
reden mir ein,
das Leben ist kein
Prinz auf nem Gaul,
also: komm halt dein…
Schmerz.
Unsichtbare Träne,
die so gern gesehen wäre.

Karussell

Sehnsuchtsvoll such ich eine Art Perfektion,
um meine Gefühle perfekt auszudrücken
und zu verton´.
Einen Text, den ich lese und merk:
„es geht nur um mich".
Als wenn es meine eigene Schrift wäre,
völlig authentisch.
Ein Lied genau im Rhythmus meines
Herzschlags,
mit meinen Herzensworten,
in meinem Herztakt,
als wenn es seine Wurzeln
direkt in meinem Herz hat.

Während ich längst meine Wurzeln verloren hab,
in diesem ständigen Auf und Ab,
Auf und Ab, Auf und Ab…
hängig bin ich,
abwesend sing ich,
abseits von der Gruppe verschwimm ich,
versink ich,
ab und zu fragt mich jemand: „was stimmt
nicht?"

Aber niemand versteht das,
mir ist einfach schwindlig
vom dauernden,
schnellen Drehen dieser Welt,
diesem gnadenlosen Karussell,
das sich nie abstellt
oder kurz still hält,
wenn ich mal Zeit bräuchte für mich selbst.

Ich hätte das nie so gewählt,
doch das ist nicht was zählt,
sondern nur, wie lange man durchhält,
bis man herausfällt
und sich dann herausstellt,
wie sehr einem der Halt fehlt.
Wie tief man im Wald steht,
nach kilometerlangem Holzweg,
der unentwegt
immer, immer weitergeht
während man immer weiterlebt.

Potenziale

Du sagst, dass dich Angst
von deinem Potenzial trennt.
Ich aber sag, dass mein Potenzial
sich Angst nennt.
Und ich sie hemme,
und nicht sie mich.
Doch damit verkenne
ich mein Gesicht
und alles, was dahinter ist,
nicht im Licht
beim zweiten Blick
kaum zu übersehen,
dachte ich, doch es gelingt fast jedem.
Auch mir selbst,
fühl mich entstellt,
in einer Welt,
die sonst keinen Platz für mich hätte.
Weißes Blatt, eiserne Kette.
Erzwungenes Schweigen.
Versunkenes Schreiben.
Verstummendes Schreien.
Und stumpfes Vergleichen
sind, was noch bleiben,
um das Ziel zu erreichen,
zwar viel zu erleiden,
aber das nicht zu zeigen.

Ich kämpf mich doch durch,
so schlimm kann´s gar nicht sein.
Raun´ ich mir zu, während ich wein
und schlaf wieder nicht ein.
Ich fang mich wieder an zu hassen,
wofür 1000 Gründe da sind,
verteufle wieder diese Lasten.
Mein Rücken bricht
auch mein Genick,
ich verlier den Überblick,
keine Zeit für Gleichgewicht,
denn eigentlich
verleugne ich
den Scheiß doch auch erfolgreich.
Ich schreibe Mutmacher-texte
und ich suche kein Feedback.
Ich helfe Leuten aus der Patsche
und erwarte gar kein „Danke".
Ich will euch nur glücklich sehn,
denn das tut so bildschön weh.
Am Ziel fühl ich mich am verlorensten.
Wo soll ich nur jetzt mit meinen Worten hin?
Welchen Wert habe ich noch ohne sie?
Sind sie ich? Find ich mich?
Und wenn nicht – gibt es mich?

Gibt es mich, bin ich real?
Ist nur was sichtbar ist echt da?
Ist Liebe wirklich Medizin?
Oder nur ihr Endorphin?
Ich frag mich: wo beginn ich?
Weiß schon, etwas stimmt nicht,
doch das liegt unergründlich
verborgen in Tiefen,
die mir verschlossen vorliegen.
Entzogene Liebe,
das Tor der Gefühle
zu verbotenen Welten,
verbogen erzählten,
verlogenen Momenten
ohne Erkenntnis,
wo denn mein Wert ist.
Atmen.
Schwermütig, gleichgültig, leichtfüßig
mit gespielt großer Freude
in gezielt der Reihenfolge.
Reihenweise Misserfolge
kann ich gut nach außen leugnen,
doch in mir sind viele Zeugen,
wissend, was sie mir bedeuten.
Hassliebe.

Ich tanz ohne euch besser,
doch mit euch viel lieber
Will nicht ohne euch sein,
weil ich das noch nie war.

Sie, meine negativen Potenziale,
die mir nie Halt gegeben haben,
doch die Lust am freien Fall,
den Genuss der Einsamkeit
und mich gänzlich einverleibt.

Doch will ich nicht glauben,
dass das ewig so bleibt.
Irgendwo muss Platz für Hoffnung sein,
in Richtung Ewigkeit,
doch der Weg scheint noch ewig weit.

Schwere

Wozu immer diese Schwere
meines Herzens?
Endlose Fragen sämtlicher Herkunft,
ohne als positiv erkennbare Wertung.

Es fühlt sich täglich an wie kämpfen,
täglich mehr vom Bild erkennen
und doch fühl ich mich nicht erfolgreich.
Ich frage mich,
ob ich wohl für immer dort bleib;
in diesem introvertierten Schlachtfeld,
ob mir nicht irgendwann die Kraft fehlt…
Hat Gott nicht behauptet,
dass Er meine Last trägt?

Dann, Gott, nimm sie bitte, ich pack sie nicht,
bitte sag mir, ob ich richtig bin.
Wenn nicht hier – weiß nicht wohin,
weiß nicht, ob meine Richtung stimmt,
gib meinem Herzen Orientierungssinn.

Ich laufe und bremse,
ich schnaufe, Muskeln brennen
und ich zweifle, ob das so sein soll…
oder Er doch noch mehr bereit hält.

Unausgeglichen

Ohne zu wissen,
ob sich das je ändert
oder einfach zu mir gehört.
Ist es Problem oder Charakter,
unerträglich oder tragbar
oder beides oder keines,
ach was weiß ich
denn schon
von dieser Person,
die in meinem Körper wohnt.
Die kommandiert
und kritisiert,
die kommentiert
und sich verliert
zwischen den Fronten
führte zu viele Konten.
Für Gutes und Schlechtes,
Falsches und Echtes
und alles, was mit Scham bedeckt ist
oder durch sie bezweckt ist.
Doch was nun letztendlich
mich definieren darf
ist wohl ewiges Rätsel und mir niemals klar.

Warum

Und zwischen Aufwachen und Aufstehen
frag ich mich wieder "warum".
Wahrscheinlich dürfte ich das gar nicht tun,
wenn man Lebensqualität misst an Reichtum.

Ich habe so, so viel,
begreifen kann ich das nie.
So viele Menschen -
während ich mich alleine fühl.
Und verlassen von mir selbst,
dieser Zwiespalt portraitiert tiefen Schmerz.
Ich fühl mich ängstlich,
wie nur eine Fahne im Wind,
ein von jedem prägbares Kind,
das längst nicht mehr über Narben nachsinnt,
weil Narben nur der Verschluss von Schmerz
sind
und die will niemand bestimmt -
denn man sieht mich nicht als Sorgenkind,
sondern glaubt an das Sonnenkind,
in dem keine Geschichten verborgen sind,
solang nur die Mundwinkel oben sind.

Und so bin ich zur Zuhörerin geworden.
Ich lese den Schmerz
in Gesichtern und Worten,

öffne meine Augen dafür;
Nicht schwer zu sehen,
trage ihn ja selbst in mir.
Selten spür ich Dankbarkeit,
doch dass man mir anmerkt,
ich hätte es gut gemeint.
Leute öffnen ihre verletzten
Herzen
und ich darf bei ihnen sein.
Vielleicht nur ein kleiner Sonnenschein,
geheim, fast unkenntlich,
mehr erreiche ich nicht,
selbstverständlich.

Doch Liebe zu geben gibt mir Kraft,
mehr als ich hab´,
Denn nur zu wissen: ich hab´ es geschafft
und meinen Mitmenschen gut getan,
hilft, dass ich auch an mir
wieder Gutes finden kann.

Ist dieser Text ein Schrei nach Aufmerksamkeit?
Nein, das sehe ich,
davon hab´ ich nicht zu wenig.
Doch eins versteh ich:
nichts ist ewig.
Und so bleib ich in meinem Käfig,
auch wenn er nur mein Herz erfasst.

Mit ausgebreiteten Flügeln
habe ich den Abflug verpasst
und jetzt segle ich alleine
über das unendliche Meer.
Mein Herz zieht mich herunter,
es ist wie Blei schwer.
Doch ich fliege weiter
und biete meine Schultern
allen, die mich um diese Leichtigkeit bewundern
und sich auf meinen Rücken setzen,
damit ich sie trag.
Dafür stehe ich auf, Tag für Tag.
Verlange längst nicht mehr,
verstanden zu werden -
verzichte auf das Recht, mich zu beschweren.
Ich ertrage ja meines Herzens Last.
und solange ich das tu,
ist für die der anderen Platz.
Wie ich beneidet werde um Aufmerksamkeit.
Ja, sie wird mir zwar zuteil,
aber das ist nichts was bleibt.
Danke Mann, dass du sagst, ich bin heiß,
danke für nichts.
Denn das ist mir klar und ich weiß,
dass ich zu oft Verbrennungen mit mir bring.
Es ist mein Geist, der schreit nach Gehör.
Doch selbst ich hör ihn manchmal selbst nicht
mehr.

Wie siehst du denn wieder aus?

Als mich das meine Freunde fragen
Denke ich: „Ihr seht mich grade
doch viel mehr als ich es habe."
Ja, ich weiß schon, was sie meinen.
„Warst du gestern wieder feiern?
Diese Augenringe scheinen
mir ein bisschen groß zu sein.
Und was ist los mit deinem Style?
Das passt gar nicht zusammen.
Die Farbe deiner Haare,
deiner Augen, deiner Sachen.
Es kann doch nicht so schwer sein,
sich mal gut zurechtzumachen."
Und sie zwinkern und sie lachen
und ich denke und ich lach auch,
weil ich das brauch,
doch in meinem Kopf ploppen 1000 Tabs auf.
Wie seh` ich heute wieder aus?
Das weiß ich auch nicht so genau,
weil ich ungern in den Spiegel schau,
da ich diese Frau
darin nicht wirklich kenne
und sie respektieren möchte.
Sie wendet sich ja auch immer so schnell wieder
ab,

vielleicht sollen wir einfach nicht so viel
Blickkontakt haben.
Eigentlich blicke ich Menschen
gern in die Augen.
Man kann durch sie so viel tiefer schauen
Und Dinge erkennen,
die sie sich zu sagen nicht trauen.
Wenn jemand dem Blick nicht standhält,
merkt man gleich, dass ihm der Halt fehlt.

Und da ich ja respektvoll bin,
schau ich dann auch nicht mehr hin,
so wie bei meinem Spiegelbild,
es scheint immer so verunsichert.
Bei jedem andren Augenpaar
kann ich einfach wunderbar
meine Stärken zeigen,
mich als souverän beweisen,
und mit meinen Schokoladenseiten
gut von mir selbst überzeugen.
Nur bei meinen eignen Augen
funktioniert das Ganze nicht,
sobald das Bühnenlicht erlischt
bleibt von dem allen bloß noch ich.
Wie ich nur wieder ausseh`,
ohne Grinsen im Gesicht.
Ohne Aufgabe und Pflicht,
ohne Lob, das man mir gibt

ohne Humor, der anspricht.
Ich merke, dass dieser Blick
für mich nicht gut ist:
Mein eigener auf mich,
im Spiegel, der wie eine Waffe wirkt
die auf mich gerichtet ist
und die ich selbst bedien´.
Zum Glück sind all das nur Gedanken an später,
während ich hier mit meinen Freunden stehe.
Eigentlich lachen wir ja grad gemeinsam
Und ich versuch, noch einen Witz zu reißen,
den sie feiern
und ich merke: So kann es bleiben.
So kann ich frei sein.
Unter den Meinen
Bin ich nie einsam.
Wir sind noch lange unterwegs.
Ich genieße es und beweg
mich quicklebendig
ja es geht
mir wirklich prächtig
und ich rede
ohne Ende.
Stunden vergeh´n
und ich merk´s nicht.
Fotos entsteh´n,
die ich auf dem Heimweg
mit einem fetten Grinsen anseh´.

Ich bin glücklich.
Ich komm nach Hause und ich schmink mich
ab.
„Wie siehst du denn wieder aus?"
Die Frage trifft mich wie ein Schlag
meiner selbst geballten Faust.
Und mein Blick stellt mir Fragen,
die ich eigentlich nicht brauch,
vielleicht kennst du das ja auch.
Diese Stimme, die dich klein macht
ganz gleich was du geschafft hast.
Die dich zweifeln lässt,
ob du nicht einsam bist,
selbst, wenn du den ganzen Tag
unter Leuten wärst.
Solche Lügen senken Lider
und lassen Leere entstehen,
wo grad noch ganz viel war,
drücken höchste Glücksgefühle nieder.
All das sagt mir die Frau im Spiegel,
als ob es ihr Ziel wär,
dass ich nie mehr
ohne andere existieren kann.
Ich zieh mir
noch schnell auf YouTube irgendwas rein
um im Kopf nicht mehr dabei zu sein.

Ein Wettlauf gegen die Zeit
ohne Ziel,
denn ich weiß, ganz gleich,
wohin ich will –
sie wartet immer daheim.
Unweigerlich bleibt sie stets Teil
meines eigenen Seins,
mein einverleibter Feind.
So fremd und doch im Kern ich.
Ihre Probleme beschäftigen sich
mit den Themen meiner Realität.
Was ich am Tag verdränge,
ist was sie nachts wachhält.
Wenn ich sag, dass ich längst weiter bin
spür ich, wie sie flüstert: „Lügnerin".
Sowas kommt immer ungebeten,
ich verbiete ihr das Reden,
doch das geht nicht.
Spätestens, wenn ich im Bett lieg.
Fühlt sie sich anmoderiert:
„The stage is yours!"
Und sie beginnt zu referieren
über all das, was ich total hass.
Ich würde so gern diesem Blick ausweichen,
doch diese Augen sind halt meine
und werden mich immer begleiten.

Andere schätzen das Funkeln darin,
wo ich meistens nur Dunkelheit find.
Manche mögen ihre Farben,
doch die sind mir nie aufgefallen,
so lang hab ich sie nie betrachtet,
weil mir dafür meist die Kraft fehlt.

Wenn ich aber eh nicht ausweichen kann,
gewöhn ich mich vielleicht besser daran.
Vielleicht muss ich mich nicht gleich feiern,
aber einfach mal verweilen
einfach nah bei mir selbst sein.
Mir selbst eine Freundin sein,
wie ich für andere wäre.
Wertschätzung entspricht meinen Werten
Ermutigung, und sich zu bestärken.
Geduld und sich gut zuzuhören.

Und neue Frisuren zu bemerken.
Doch das geht erst,
wenn ich weiß wie du aussiehst.
Und von mir weiß ich das auch bald.
Glaub ich.

Schlaflos

Wie gehen schlaflose Nächte vorüber?
Wenn ich mich schon ganztägig bemüht hab,
Sorgen anzugehen,
fühl ich mich beides: zu müde
und zu überdreht,
um dem jetzt zu widerstehen.

Mein Herz schlägt zu laut.
Ruhe finde ich kaum –
warum ist es kein Traum,
der mich nachts beschäftigt,
kein friedvoller Raum,
in den ich mich bette,
der meine Seele besänftigt,
wenn der tägliche Kampf gekämpft ist?

Die mit den entspannten Tagen
können auch nachts besser schlafen.
Warum nur alles oder nichts,
warum bekomm ich kein Gleichgewicht,
wenn für mich doch Kraft so wichtig ist.
Mit offenen Augen zähle ich Schafe
Stunde um Stunde, bis ein neuer Tag ist.

Meine linke Hand

Meine linke Hand
weiß nicht, was die rechte schreibt.
So wie mein Verstand
häufig auf der Strecke bleibt,
wenn ich aus Zwecken wein`,
die er verneint
oder zu verstecken scheint.

Trauer kommt oft unerwartet,
genauso Kugelschreiberworte,
Zeichen auf Papierfetzen,
die mich zeigen und echt sind.

Ich habe Angst, ich spür sie treten.
Spür mich zittern und erbeben,
sehe Glassplitter meines Lebens,
die erst wieder Sinn ergeben,
wenn sie wirr zusammenkleben
von mir auf Papier vereint,
selbst nicht wissend, was ich mein
mir nur horchend, als ich wein.

Keine Liebe

Glaub mir, ich will keine Liebe.
Schon gar keinen Mann
und verfolge kein Ziel
im Kontakt mit Menschen wie dir.
Doch stumm rufe ich:„Sieh! Sieh her!
Beachte mich doch, beachte mich mehr!
Schau doch ich ziehe,
zieh so ziellos umher.
Weiß nicht, wonach ich suchte
und hab es doch in dir gefunden.
Siehst du den verlorenen Blick?
Siehst du die Sehnsucht, die daraus spricht?
Siehst du den Einblick, den er dir gibt?
Siehst du ein Herz, das gebrochen daliegt?
Siehst du, sag, siehst du mich?
Siehst du hinter mein Gesicht?
Siehst du was da wirklich ist?
Siehst du was pulsiert und sticht?
Siehst du was mich täglich bricht?
Siehst du denn diese Tiefen nicht?
Ich fleh dich an, ich bitte dich,
meine Wunden kurz zu kühlen.
Meine Stürme kurz zu stillen.
Nur meine Dürre zu befeuchten,
doch dafür müsste ich dir was bedeuten.

Ich weiß nicht, was deine Augen sehen,
wenn sie mich beleuchten.
Vielleicht eine Verliererin,
vielleicht nur die Verträumte,
wohl nicht die komatös Betäubte
mit den Augen ohne Freude,
Vermächtnis jener Albträume,
die sie bis heute einsäumen
und ihre Freiheit einzäunen.
Ob du wohl jemals meine Sprache sprichst
und mein Zuhause eines Tages bist -
in der Qual meiner Fragen
ein rettendes Licht?
Hoffnung, wo nur Kummer ist,
ob aus deinem Boden wohl Leben sprießt?
Wirst du jemals für mich lächeln,
wirst du meine Fesseln brechen,
mich befreien wo sie mich knechten,
meinen ganzen Schmerz ersetzen?
Kann ich mit dir Erinnerungen neu behaften?
Gewiss neue Schritte wagen?
Wirst du mich wirklich tragen,
mit Rücksicht auf alle Narben,
die in deinen starken Armen
endlich ganz zu weichen haben,
weil ich in Frieden mich vergrabe?

Zeig mir doch was Liebe ist,
was mir davon geblieben ist.

Doch du siehst mich nicht.
Denn es gibt dich nicht.
Adressat meiner Schreie,
bitte eile doch und bleibe,
komm, verbinde, liebe, heile!
Ich sehe keinen Trost alleine,
alle Worte, die ich schreibe,
nur orthographisches Weinen
ohne Heimat,
voll von Zweifeln.

Ich wünschte, mein Schluchzen wäre an deiner
Brust,
meine Nase vergraben
in deiner Haare Geruch.
Und all deine Worte geleitet von Gunst,
als meine Sorgen entgleiten wie Dunst.
Wie ich mich nach deinem Blick verzehre,
wie nach deiner Hände Wärme,
danach, dass kein Konjunktiv mehr wäre
und ich, verliebt in deine Nähe
endlich alles anders sähe.
Doch du siehst mich nicht
Und ich liebe nicht. Ich lebe nur, vergehe nur.

... lieben

Herzschlag

Herzschlag, lautstark, ein Takt.
Blickkontakt, der mich schwach macht.
Verlegenes Wegsehen
mit diesem ewigen Lächeln.
Unwiderstehlich,
auf schönste Weise gefährlich.
Kontrollverlust, der kommen muss,
wenn die Mundwinkel dem Kopf nicht mehr
gehorchen
und das Herz erfrischt schlägt
wie neu geboren,
als gäbe es kurz keine Sorgen,
als wäre man kurz echt geborgen,
mitten im Trümmerhaufen gefunden worden.

Jetzt, während wir uns anseh´n,
könnt die Welt untergeh´n,
ganz aufhör´n, sich zu dreh´n,
wir würden nur stumm dasteh´n,
ungerührt und unverschämt
weiter die Geschichten lesen
die unsere Augen sich erzählen.

Ohne ein Wort ist somit alles gesagt.
Es gibt nichts, was uns ablenken kann,
die Welt verschwindet, doch wir kommen an.

Alles an mir

ALLES an mir hat sich zum Positiven verändert.
Außer das, was du an mir liebtest.
Was hatte ich dir schon zu bieten?
Voller Träume, ohne Ziele.

Fast nichts hatte ich durchdacht,
das Leben selbst noch kaum erfasst,
hätte keinen Plan B gehabt,
nur naive Hoffnung, dass alles klappt.

Ich lief los und wusste nicht mal wer.
Du ließt mich los und es fiel dir so schwer.
Du sagtest bloß, ich sollte glücklich werden
und du schriebst Songs
und ich verstand dein Herz.
Mit jedem Ton fühlte ich deine Nähe.

Wir waren wohl nie zum Bleiben bestimmt,
obwohl du mein Mark und Bein durchdringst
und mich fast zum Weinen bringst,
wenn ich nur an unser Schweigen denk.

Niemand hat mich je so gefesselt,
obwohl du mich nicht festhältst.
Niemand verwirrt mich mehr,
obwohl ich mich bei dir erst hör.

Der Gedanke an dich gibt mir Heimat,
während mein Puls sich verdreifacht.

Vielleicht ist all das nur Phantasie.
Pathetische Euphorie,
längst vergangener Utopie,
doch man weiß ja nie…

Doch was ich weiß:
Ich fand nie mehr wen wie dich.
Verlor ein bisschen auch wieder mich.
Ich funktionier jetzt viel besser,
organisierter, effizienter und schneller,
weißt du?
Ich wurde erwachsen,
Luftschlösser platzten
und ich verstand Schmerz statt ihn zu fühlen.
Ich erarbeitete echt viel.
Ich feierte viele Erfolge.
Ich bin jetzt sportlich,
belesen und jemand, der vorgeht,
Projekte anführt
und zum Sprechen vorn steht.

Doch was mich am Ende des Tages bewegt,
sind tiefblaue Augen, die das alles nicht sehn.

Sondern viel tiefer noch, den Kern.
Das Leid, die Freude, das Feuer, den Schmerz.

Ich musste mich vor dir nie beweisen,
ohne Worte kannst du begreifen,
ob mein Herz schwer oder leicht ist.
Ich wünsch mir manchmal, dass all das doch
nicht vorbei ist…

Aufgetaut

Dein bloßer Blick schmolz mein Eis.
Aufgebaut
hatte ich um jeden Preis
diese Mauer, diese kalte, die abweist.
Du risst sie nicht gewaltsam ein,
vor dir fiel sie von allein.
Stein für Stein
wurde ich frei,
eine Sekunde mit dir reicht.

Deine Worte und dein Blick
gaben mir endlich zurück,
was ich schon viel zu lang vermisst,
ich merke, dass du anders bist.
Vor dir bin ich ungeschützt,
aber du missbrauchst das nicht,
stellst dich schützend selbst vor mich.

In dir sind Liebe und Kriege
und das immer wieder.
Du bist mein schönster Traum,
deine Nähe, was ich brauch,
in deiner Liebe blühe ich auf.
Wenn du in meine Augen schaust,
sehe ich mehr Schönheit, als ich glaub.

Wie kannst du nur echt sein?
Mich sehen mit meinen Schwächen,
aber dort nicht zerbrechen,
sondern nur achten, heilen, lächeln?
Wie kannst du mich genau lieben,
so wie ich es brauch?
Ich habe dir das nie beschrieben,
doch vielleicht wünschst du dir auch
ganz dasselbe, ganz genau.

Du hast mich verändert.
Leben gestiftet und Krisen beendet.
Danke, dass du das schönste Geschenk bist.

Billige Liebe

Es fühlt sich einfach so billig an,
zu sehen, wie leicht ich dich kriegen kann.
Ich lächle mal,
dein Blick bleibt da,
schon kommst du nah,
ein Kommentar
und ich in deinem Arm.
Der Rest der Geschichte
liegt in meiner Hand.

Du bist wohl schon überzeugt von mir,
musst mich nur noch gewinnen.
Denn wenn ich zustimme,
gehen wir später noch zu dir.
Auf ein allerletztes Bier,
ich kenn das Spiel.

Doch ohne mich zu kennen,
willst du meine Zeit.
Meine körperliche Nähe, meine Aufmerksamkeit
ungeteilt, nur zu zweit.
Doch ich wette, dass du nicht mal mehr meinen
Namen weißt
und sonst interessieren dich eh keine Details,
dafür sei ich zu heiß.
Wie einfach fällt mir da ein *nein*.

Wäre da nicht der Reiz,
die kurze Erlösung aus Einsamkeit,
wenn deine Hand meinen Rücken streicht.
Ich will, dass du gehst,
aber die Nähe bleibt.

Warum geht meistens nicht beides?
Nichts Dummes tun und nicht mehr leiden.
Die Tür steht sperrangelweit offen,
mir von dir etwas Nähe zu holen
und ich würde lügen
wenn ich sagte, davon hätte ich genügend.
doch was du gibst, das ist nicht Liebe.

Du weißt gar nichts über mich,
sahst nur im Dämmerlicht mein Gesicht
und Anerkennung dafür such ich nicht.
Ich bin so viel mehr als das,
vielleicht sogar ganz anders.
Wie gut, dass ich es erkannt hab:
Ich bin es mir selber wert,
dich selbstbewusst abzuwehr´n. ☺

Eine Entscheidung?

Wenn Liebe eine Entscheidung ist – warum kann
ich mich nicht gegen dich entscheiden?
Warum ändert sich mein Puls,
ohne dass du etwas tust?
Warum schlägt mein Herz schneller,
wenn ich nur von dir erzähle?
Was erklärt deine Relevanz,
obwohl du mir nichts geben kannst?
Ich sehe so viel in deinen Augen,
das ich nicht wissen kann.
Grundlos hast du mein Vertrauen,
wenn ich nur kurz in dich schaue,
durch das Tor, das tiefe, blaue,
fang ich zu vermissen an,
was ich nur kurz glitzern sah.

Du bist schön für mich.
Augenringe stören mich nicht,
weil dein Außen für Innen spricht.
Ich bin nicht hoffnungslos romantisch.
Doch wenn ich dich sehe, kann ich
nicht ändern,
dass ich mich an dich hänge
und an andere Zeiten denke.
An erfüllende Gespräche,
als ob es kein Morgen gäbe.

An Draußenbleiben bis zu Sonnenaufgängen,
an Lachen, an Weinen und an deine Nähe,
an viel zu lange Blicke
und verschriftlichte Tränen,
an die Wärme deiner Hände,
wenn sie mir beim Aufstehen helfen.

Damit ich aufstehen und weggehen kann.
Ein „wir" war nie realistisch.
Dennoch weiß ich, du liebst mich.
Deine Liebe war das schönste Geschenk.
Als wäre sie es, wonach man sich sehnt,
wofür man lebt.

Niemals werde ich ihn vergessen -
deinen Blick und deine Schmerzen.
Deine Worte zwischen Tränen
als du merktest,
dass alles, was dein Herz ist
doch für mich nicht genug war,
weil ich zu kaputt war.

All das ist Jahre her.
Ich bin ein anderer Mensch,
ich habe so viel gelernt.
So viel gesehen von Liebe und der Welt,
ich habe mich Vielem gestellt.

Ich bin viel stärker als damals,
hab eine viel härtere Schale,
hab mir alles aufgebaut,
was ein Mensch nur träumt und braucht,
schau voll Zuversicht voraus.

Außer mein Blick streift dabei dich.
Du bleibst in aller Welt einzigartig.
Irgendwo trag ich dich mit.
Kein Plan, ob du das verdienst.
Ich glaub, Liebe interessiert das nicht.

Frühlingskitsch

So nah, ach wie unbeschreiblich fern…
So distanziert, aber wie unbeschreiblich gern
hätte ich, dass du gerne bei mir wärst.
Ich will dich nicht an mich binden,
nicht zu mir zwingen,
sondern träumte,
es wäre einer deiner Wünsche
dich und mich hier zu erfinden.
Wenige Meter sind es,
doch ich weiß,
dein Herz will sie nicht überbrücken.

Wir könnten Abenteuer leben,
ja ein einziges sein.
Wir könnten über Berge sprinten,
gefährlich, doch es nicht bereuen.
Wir wären Einheit und Tiefe
heterogene Liebe
mit demselben Ziele.

Ich höre auf zu träumen,
als wäre es ein Verbrechen.
Sprichst du mich nicht an,
werde ich auch nicht sprechen.
Ich weiß, es liegt nicht alles in meiner Hand.
Nicht einmal in deiner.

Meine Sicht ist begrenzt wie mein Verstand.
Dennoch wird alles gut,
wenn auch noch unbekannt.

Good bye, dear dream;
As if you were never seen.

Gleichgewicht

Im Gleichgewicht
tanzen unsere Worte, sie gleichen sich.
Ich setz all mein Vertrauen in dich,
weiß gewisslich, du verstehst mich.
Denn grundsätzlich sind wir uns so ähnlich.
Wir beide finden das Glück draußen,
statt zu versuchen, es zu kaufen.
Wir betreiben die Kunst
um ihrer Schönheit willen,
nicht um die Sehnsucht nach Gunst
und Ansehen zu stillen.

Bewaffnet sind wir mit Ehrlichkeit,
die uns auch subjektive Schönheit verleiht.
Beide können wir in Träumen und Gedanken
unerschöpfliche Kräfte tanken,
aus Quellen, die der Gesellschaft gar nicht
bekannt sind.
All die Leute,
die uns um diese Freiheit beneiden,
selbst jedoch nie den Pfad der Freiheit
beschreiten,
weil sie nicht bereit sind,
den breiten
Strom der Mehrheit zu meiden,
können nie begreifen,

inwiefern wir vereint sind;
als Freigeister,
die alternativ das Leben meistern.
Deren ganzer Hedonismus in der Natur schon
gestillt wird,
weil durch ihre Schönheit
jede Sehnsucht erfüllt wird.

Die Art, wie du Bilder vom Meer betrachtest,
erinnert mich wieder an wahre Liebe.
Denn so wie du seine Schönheit achtest,
bei tausenden Bildern, wieder und wieder
bereitet mir Freude und das Gefühl,
in dieser Welt sind wir Sieger.
Uns streckt so leicht niemand nieder,
denn wir sind keine Sklaven
von Erfolg und von Geld,
weil uns der Kapitalismus nicht gefangen hält
und wir wissen,
dass da noch mehr sein muss auf der Welt.
Du nimmst des Meeres Unendlichkeit wahr,
in dieser Phantasie
sind Fakten und Zahlen egal.

Während andere das Gewässer ausmessen,
fangen deine Worte an, mir Bilder zu malen.
Alle Messbarkeit ist auf einmal vergessen,
wenn deine tiefe Stimme

voll Begeisterung spricht
und ich wieder beginne,
mich ganz zu verlieren darin.
Weißt du: wie Wellen sind deine Worte,
deren Ankunft ich direkt in meinem Herzen
verorte.
Wohltuend kühlen sie meine erhitzten Glieder,
ich finde mich in ihren Wogen wieder,
wie sie meine Schmerzen durch Gedanken,
die toben, lindern.
In diesem Rahmen kann ich mich selbst neu
erfinden.

Wie die glitzernde Sonne ist deine Freude,
die für mich viel mehr als ein Lächeln bedeutet –
das Leuchten deiner Augen erzählt so viel mehr,
als ob deine Seele nun zuhause wäre.
Friedlich wirkst du und voller Glück.
Andächtig flüstert mein Herz „nimm mich mit".
Irgendwie bin ich von deiner Ausstrahlung
entzückt.
Mir dir lass ich die ganze Umgebung zurück,
außer uns und diesem Moment zählt jetzt nichts.

Mit dir

Mit dir fühl ich mich überlegen,
als könnte ich wieder schweben,
als würde das Überleben
wieder Sinn ergeben.

Mit Dir kann ich eintauchen
in eine Welt in deinen Augen
und wieder an das Sein glauben.
Du ignorierst meinen Schmerz nicht,
du empfängst ihn herzlich,
und wo mein Lächeln zerbricht,
bleibst du. Weißt du,
was ich mein und
bist mir viel näher,
als ich dachte, dass jemand sein könnt´
und viel mehr
als ich begreife.

Deine Worte sind wie meine,
auch deine Gedanken gleichen
dem, was ich als „frei" bezeichne.
Mit dir ist alles anders,
weil ich neu wieder erkannt hab -
atmen, fühlen. Ja ich kann das.
Leben spüren, das ich verbannt hab.
Du inspirierst und belebst.

Du irritierst, denn ich streb
doch kontrolliert nach dem Weg,
den ich niemals wollte gehen
und das hast du mir belegt,
immer, wenn ich zu dir sehe.
Wenn deine Mundwinkel
meine mit hoch ziehen
und deine Augen genau dieser Ort sind
für den selbst mir jedes Wort fehlt,
doch der mich fort zieht.

Ach, wie gut dich zu kennen.
Befreiend ist schon, an dich zu denken.
Könnte all das doch nicht enden,
auch wenn man getrennt ist.
Bei dir fühl ich mich richtig.
Was dem ganzen Scheiß hier Sinn gibt.

Nichts für immer

Wenn schon nichts für immer ist,
bleibst du mein liebstes Heute.
Wer weiß schon, was die Zukunft bringt,
was sie für uns bedeutet.

An dich ist kein Moment verschwendet
und sollte einmal alles enden,
werde ich immer daran denken,
wie du mir neues Leben schenktest,
meine kalten Ecken wärmtest,
mich aufgerichtet hast und stärktest.

Doch solange ich kein Ende sehe,
genieße ich einfach deine Nähe,
auch wenn ich viel nicht verstehe,
weiß ich, dass du Liebe wert bist.

Du bist meine Metapher für das Schöne.
Für ganz Vieles, wonach ich mich sehne.
Doch bist du mehr
als nur ein Wort auf dem Blatt.
Mit dir erst fing alles neu an.
Danke für deine Hand,
die ich jetzt fest ergreifen kann.

Sie

Hat mein Herz schon längst erobert,
ohne es jemals zu fordern.
In ihrer Aura blühe ich auf,
fall ich ein, bin ich zuhaus´,
alles ist mir so vertraut
und ich finde, was ich brauch,
ohne unbedingten Tausch.

Sie tickt anders, doch erkennt meine Tiefe.
Und ich liebe ihre Perspektive
auf das, was ich nie sehe,
denn sie reflektiert mich
so anders als Spiegel.

Sie zu sehen, verändert meinen Tag,
aller Stress und das, was mich plagt,
wird klein neben jedem Wort, das sie sagt,
weil sie stets mein ganzes Ohr für sich hat.

Sie verdient es und noch so viel mehr.
Ich liebe es, ihr zuzuhören
und wünschte, ich müsste nie mehr
wirklich ohne sie gehen.

Was

Was hast du gemacht?
Ich denk immer noch nach,
ob ich gar fühlen darf
und was?
Über jemanden wie dich,
von dem mein Kopf sich eigentlich
viel schneller trennen sollte.

Doch ich kann nicht, selbst wenn ich wollte,
sagen, was geschehen ist heute
und was das jetzt für mich bedeutet.
Fast aus dem Nichts kam plötzlich Freundschaft.
Ich konnt´ mich öffnen, wie bedeutsam
dein Verständnis für mich war –
damit komme ich nicht klar.

Deine einfühlsamen Augen
traue ich mich kaum anzuschauen,
kann´s kaum glauben,
doch sie verzaubern.
Mein Erschauern
verwirrt mich.
Ist das wirklich?

Oder alles Einbildung,
Außenimpuls-Einbindung,
aber gar nicht ich?

Wäre fast schade,
denn ich mag es,
das Gefühl.
Überraschend aufgewühlt
über Sachen, die da viel
mehr mit mir machen als ich will.

Warum werde ich so rot,
wenn du sagst ich sei „hot"
und kann gar nichts entgegnen,
sondern grins nur verwegen?
Warum fühl ich mich schön,
wenn deine Blicke mich streifen;
was mich an anderen stört,
kann ich mit dir nicht vergleichen.
Trotz deiner Geschichten ist da etwas von
Reinheit,
welche irgendwie nicht nur gleich bleibt,
sondern sich sogar vertieft,
je mehr du von mir siehst.

Ist das, was man Liebe nennt?
Was ich nicht und mich nicht kennt?
Wenn ja, dann freu ich mich auf mehr –
Doch nicht von jemandem wie dir…

... ankommen

Du bist immer noch Gott

Schrei ich verbissen zu Dir hoch,
manchmal vor Freude strahlend,
manchmal in größter Not.
Oft fühl ich mich so bedroht,
so viel Schmerz, Alarmstufe rot.
-Doch Du bist immer noch Gott! –

Das Licht am Ende des Tunnels,
wenn gefühlt nur Finsternis um mich rum ist,
doch ich fürchte mich nicht,
weil ich weiß, wer Du bist
und dass jeder Sturm vor Dir stumm ist.
Mein Leben sieht oft nicht so aus.
Es gibt Krankheit und Kummer zuhauf.
Dennoch bau ich darauf,
dass Du Herr bist und glaub,
dass für Dich keine Wundertat schwer ist.
Es genügt schon ein Blick,
um alles zu ändern,
unendliche Liebe strömt aus Deinen Händen.
Du heilst und erschaffst mit nur einem Wort:
-Denn Du bist immer noch Gott! –

Und ich schaue staunend zu Dir,
kann es kaum glauben, dass Du mir
in all Deiner großen Majestät

die Hand reichst und mich neben Dich setzt.
Ich bin ewig erwählt!
Was juckt mich ein Tag,
wenn die Ewigkeit zählt
und ewiglich hält
Er mich fest
wie einen Schatz, um den man hart kämpft
und ihn dann nicht mehr loslässt.
Für immer sitze ich bei Dir an Deinem Thron:
-Denn Du bist immer noch Gott! –

Niemals hast Du gesagt,
mir bliebe all der Schmerz erspart.
Nur dass Du meine Last
schon lang getragen hast.
Ich darf sie Dir abgeben,
Du wirst sie mir abnehmen,
mich an der Hand nehmen, liebevoll ansehen,
alles an mir annehmen,
wir können dann gehen,
wohin Du willst, ich folg Dir nach dort:
-Denn Du bist immer noch Gott! –

Du schaust nicht, was ich tue,
sondern wer ich bin.
An Vorzeigeleistung
bist Du nicht interessiert,
Du liebst mich schlafend.

Wenn ich nichts vorzuweisen habe,
ist es Deine Liebe,
die meinen Tag sinnvoll macht.
Du hörst mir immer zu,
lässt mich niemals allein,
meinst es mit mir nur gut,
so wie ein bester Freund.
Du scheinst manchmal so fern, doch meistens
ganz nah und doch:
-Bist Du immer noch Gott! –

Mein Gott ist Vollmacht.
Mein Gott ist Liebe.
Mein Gott ist der Höchste,
der sich tief erniedrigt.
Mein Gott kämpft meine Kämpfe
und mir schenkt Er Frieden.
Mein Gott ist Jesus. Und Jesus ist Sieger.
Mein Leben ist nicht immer easy.
Gefühlt sogar nie.
Doch ich weiß, in jedem Tief und Hoch
-Du bist immer noch Gott! -

Aufatmen

Danke sagen,
Lächeln flüstern
und ganz schüchtern
den Blick auf Dich richten.
Danke für Deine Geschenke.
Deine immer eingreifenden Hände,
Liebe, die allem standhält.
Auch wenn ich nicht vor Freude schreie,
möchte ich Dir zeigen heute,
wie viel Du, Herr, mir bedeutest.

Alles in meinen Tiefen,
alles in meinen Höhen,
da wo viele mich verließen
und da wo alles schön ist.
Ich bin bei Dir zuhause,
weil Du mich als Deine Braut siehst,
alles was ich brauche –
ein Blick von Dir genügt.
Mein Vater, der mich liebt,
schon immer bei mir blieb,
ist es, der mir Heimat gibt.

Das Tor

Wie oft verfehlt der Mensch sein Ziel,
weil er nicht weiß, wohin er eigentlich will.
Wir verlaufen uns auf Irrwegen
und verfehlen
den Zweck, zu dem wir leben.

Wahrscheinlich sind wir längst befreit,
unterwegs zur Ewigkeit,
perfekter Vater-Kind-Einheit,
die ewig bleibt.

Doch was ist mit der Zeit,
die manchmal auch ewig scheint,
in der wir unterwegs sind,
immer Herausforderung besteht und
wir hier noch unsere weltlichen,
vielfältigen
Probleme bewältigen.

Es scheint uns noch so viel zu trennen
von dem, was wir das Ziel nennen,
ein viel zu langes Wettrennen.
Schaffen können wir das nie alleine,
denn Menschlichkeit hat kurze Beine –
doch zum Glück leiht unser Gott uns Seine.

Er lenkte mich zur Erkenntnis,
dass mir alles längst geschenkt ist,
wenn Jesus sagt, bedenk dies:
Ich bin der Weg, die Wahrheit und das Leben.
Ich kann euch Wasser, damit ihr nie mehr
durstig seid, geben.
Ich bin die Quelle zu jedem Segen
und das Ziel jedes guten Weges.
Der Sehnsucht, dem Vater zu begegnen,
steht nichts im Wege:
Du musst nur durch mich, das Tor, eintreten.

(Die Bibel: Johannes 10,9)

Dem Urheber

DANKE an den Urheber meiner Freiheit,
der seit Urzeiten gleich bleibt
und mich durch Mitfreuen und Mitleid
in Seine Liebe mitreißt –
in eine ganz tiefe Einheit,
die mein Herz sonst überhaupt nicht kennt;
und deshalb kindlich „Zuhause" nennt.
Ein Ort zum Ankommen,
Loslassen,
weit weg von der total frommen
Auffassung,
Gott gefallen zu müssen.
Denn zu Seinen Füßen
darf ich nur genießen.
Dieser Gott will lieben,
es gibt nichts zu verdienen.

So leg ich vor Ihm endlich alle Masken ab,
die ich den ganzen Tag getragen hab,
in Anbetracht
meiner äußeren Erscheinung,
für eine in Minuten gemachte Meinung,
lediglich definiert durch mein Tun.
Wie anders sind da doch Seine Gedanken –
voller Liebe, obwohl doch gerade Ihm
all meine Schwächen bekannt sind.

Die Begegnung

Bitte gib mir Halt, Vater.
Denn diese Welt ist so kalt, Vater
und ich habe solche Angst, Vater.
Doch ich weiß, dass Du mehr kannst, Vater
als mein Verstand, Vater,
weil Du schon immer da warst
und mich bei meinem Namen nennst,
wenn ich mich wieder verrenn.

Du rufst mir zärtlich zu,
ich hätte nur Grund zum Mut
und ich laufe zu Dir.
Doch meine Beine versagen,
ich habe so große Angst, zu verlieren,
wenn sie mich nicht zu Dir tragen.
Mir bleibt nichts, außer zu kapitulieren
und Hoffnung auf Deine Gnade zu haben.

Ich kann nicht mehr, habe aufgegeben.
All meine Fußspuren im Sand verwischen.
Ach, könnt ich doch nur deinem Blick begegnen,
sogleich wären all meine Sorgen gewichen,
Angst durch Frieden ausgeglichen
und schmerzhafte Bilder
und Erinnerungen verblichen
vor Dir und Deinem herrlichen Thron.

Und ich lege meine Ängste,
in der Nacht, so wie am Tag,
ich lege meine Schwachheit,
denn sie ist alles, was ich hab´
vor deine Füße, Jesus.

Doch als Du Dich mir näherst,
zuck ich erschrocken zurück,
merke, dass Du noch viel mehr bist,
als ein bisschen Lebensglück.
Dein Blick auf mich macht mir Angst,
denn er ist mir so nicht bekannt.
Ich muss mich abwenden,
weil ich dessen nicht wert bin.
Da wo meine guten Taten enden,
ist bei Dir erst der Beginn.

Du bist so unbeschreiblich gut,
davon bin ich so weit entfernt.
Ich habe zwar schon viel von Dir gelernt,
Deine Treue immer schon verehrt,
aber Vater, ich bin dessen nicht wert.
Ich spüre, wie sich meine Augen nicht trauen,
in die Deinen zu schauen.

Hilf doch deiner Tochter!
All die Lügen sind noch da
und ich ertrage sie nicht mehr.

Sie sagen, ich sei nicht genug,
mein Handeln nicht ausreichend gut.
Schau mich an, ich bin sogar zu schwach,
um vor Dir schwach zu sein.
Ich bewältige Ängste meist lieber allein,
dabei lädst Du mich doch deutlich zu Dir ein.

Doch wie soll ich das annehmen?
Wenn ich mich anschaue,
wie kannst Du mir vergeben?
Wie kannst Du mich als rein sehen,
du kennst doch mein Leben,
musst jeden Weg mitgehen
und Dir alles ansehen.
Herr, wie sehr musst Du leiden,
doch ich muss Deinen Anblick meiden,
im Kontrast zu meinem eignen
kann nicht bei Dir bleiben,
in dieser Schönheit.

Du hast mich zur Freiheit befreit?
Dann nimm meine Hand und zieh mich hinein.
Zeig mir, dass es richtig ist, bei Dir zu sein.
Dass Du mich würdig machst,
entgegen jeder Logik,
dass Du jedes Hindernis überwunden hast,
sogar wenn es im Tod ist.

Zieh mich zu Dir. Ich kann das nicht.
Ich weiß, Du holst Deine Kinder vom Schatten
ins Licht,
aus der Asche erhebst Du mich
und bleibst bei mir, auch wenn alles zerbricht.

Und ich bitte Dich, alles zu zerbrechen,
was nicht von Dir ist.

Die Entscheidung für Dich

Die Entscheidung für Dich
war die beste meines Lebens
und ich würde sie für nichts
und niemanden zurücknehmen.
Jeden Tag bist Du treu
Von morgens bis abends
und glaub mir, ich freu
mich so sehr,
Dich gefunden zu haben.

Du trägst mich nicht nur auf Armen,
sondern überschwemmst mich ständig neu
mit Strömen aus Gnade.
Liebe kennt keinen Rahmen.

Ja, Du hast vielleicht keine Menschengestalt,
aber dafür 7 Milliarden.
Vielleicht bringst Du keine Geschenke vorbei,
doch jedes Detail
der Welt zählt zu Deinen Ressourcen
und Du liebst es, sie alle zu nutzen,
um mir zu zeigen,
dass ich für Dich genug bin.
Danke, dass Du zu mir nur gut bist.

Ja ich rede
mit jemandem, den ich nicht sehe.
Jemand ohne Adresse,
ohne Nummer, die ich wähle
und doch jemand, dessen
unverwechselbare Nähe
mich tagtäglich ganz verändert.

Ja ich glaube
an einen Gott von Himmel und Erde.
Daran, dass wir nicht nur Zufall,
sondern durch Ihn noch viel mehr sind.
Ich glaube, dass Er Herr ist
über alles, was geschieht
und, dass Er noch viel mehr sieht,
als in unseren Händen liegt.

Nein, ich versteh nicht alles.
Doch bei wem tun wir das schon?
Lieben heißt immer vertrauen –
ob bei Mensch oder bei Gott.

Er

Anfang und Ziel meiner Gedanken.
Haltestelle, um zu tanken.
Motivation, um erst zu starten,
Kraftstoff selbst auf allen Fahrten.

Sein Zuhören erst macht mich friedlich,
macht mir Mut und ich genieß es.
Aus der Ferne spür ich, dass Er hier ist,
dicht bei mir sitzt.

Den ganzen Tag begleitet Er,
bereitet Er
mir Wege.
Wenn ich sie gehe,
weiß nur Er,
wo ich mich hin bewege.

Ihm vertrau ich mehr als mir,
selbst, wenn ich den Weg verlier,
ist Er es, der mich weiterführt,
Er, der niemals müde wird,
der mich aufwärmt, wenn ich frier,
der mich ernst nimmt und regiert.

Fragezeichen

Ein Fragezeichen bläst sich auf
mit Sauerstoff, den ich so sehr brauch,
um nur grob zu ahnen, wohin ich lauf,
wohin ich schau,
alles verschwindet im Rauch.
Ich fixiere meinen Blick,
doch weiß nicht, worauf.

Wie blind torkle ich voran.
Völlig nüchtern zwar,
doch auch ganz ohne Plan.
Komme ich wohl jemals an,
wenn ich keinen Zielort nennen kann?
So kann ich nicht mal Taxi fahren,
also kommt es auf meine Kraft ganz an.

Ganz langsam
taste ich mich weiter,
begegne trotzig der Angst zu scheitern.
Setze alle Hoffnung auf den Einen,
der versprach, mich zu begleiten,
sich mitzufreuen und mitzuleiden
und ich beginne zu begreifen,
dass ich trotz all der Fragezeichen
und trotz all meiner ernsten Zweifel
nicht gefangen, sondern frei bin!

Wenn Jesus sagt, dass Er der Weg ist,
auch wenn ich Ihn nicht verstehe,
heißt das, dass ich nicht falsch gehe
solang ich ständig auf Ihn sehe
und Seine Spuren nicht verfehle.

Er sagt, Er sei das Leben.
In Ewigkeit und heute
und wenn das für mich bedeutet,
Ihm zu folgen,
will ich treu sein.
Auch wenn ich nicht immer wirklich weiß,
was Er mit „Leben" meint,
ob das nur nicht sterben heißt,
oder noch mehr Segen eint –
ich will Ihm begegnen,
bis Er es mir zeigt.

Zu alledem behauptet Er,
dass Sein Name auch „Wahrheit" wär´.
Wenn das stimmt, kann ich Ihm glauben
und im Vertrauen
darauf bauen,
dass Seine Augen
längst weiter schauen.
Also mache ich meine kurz zu.
Ich atme lange tief durch
und bete einmal mehr für Geduld.

In meinem Inneren sehe ich das Fragezeichen
langsam bleichen
und letztlich tiefem Frieden weichen.
Zwar weiß ich jetzt nicht mehr als zuvor,
doch fühl ich mich viel weniger verlor'n.

Eine Stimme dringt an mein Ohr:
„Du bist nie falsch, wenn du bei mir bist.
Auch wenn es manchmal nicht einfach ist.
Ich kenne dein Heute,
dein Morgen, dein Gestern
und wenn du bei mir ankommst,
wirst du all das auch versteh'n."

Gedanken

Ich bin hier allein, hab endlich mal Zeit, allein
zu sein und ruhig.
Allein zu zweit mit meinem Atem,
der mich am Leben hält.
Zu dritt bin ich mit meinen Gedanken, doch es
sind so viele, ich kann sie nicht zählen.
Ich bin alleine mit dem Atem, der mich am
Leben hält und den Gedanken, die mich vom
Leben abhalten.

Ohne sie ist nichts möglich doch mit ihnen zu
kompliziert,
also kompliziert überlegen oder unüberlegt
handeln?
Doch unüberlegtes Handeln bringt oft
Konsequenzen, die das Denken nur noch mehr
quälen.
Also doch alles durchdenken?
Alle Ansätze bis zum Ende treiben,
bis am Ende keine Zweifel bleiben?
Über Ideen, gute und schlechte und Freunde,
falsche und echte
Nachdenken, Tag und Nacht?

Das Leben da draußen zum Leben im Kopf
machen,
im Kopf leben in einer rationalen Welt,
die alles, was dich grad beschäftigt, enthält
sich aber nach außen doch lieber verstellt,
weil sie doch eh niemand versteht.
Bin ich schön? Leiste ich genug?
Bin ich in allen wichtigen Disziplinen gut?
Bin ich so eine, die Liebe vermehrt?
Wer bin ich wirklich, was bin ich wert?
Fragen über Fragen
und irgendwo unter den Gedanken
bleib ich. Zweifelnd

Doch sind wir mal ehrlich, wen bringen all diese
Zweifel weiter?
Höchstens mich zur Verzweiflung und Pläne
zum Scheitern.
Irgendwann muss ich selbst realisieren,
dass all das Philosophieren
und das Ausdiskutieren
bis alle Gedanken kooperieren
keine Lösung ist.
Doch wenn ich nicht ständig nachdenken soll
über Fragen,
muss ich Antworten haben,
die ausreichen.
Sodass ich mich fallen lassen kann

Und den Kopf ausschalten kann,
weil ich weiß: Es ist alles getan.
Und für all meine Beschwerden ist gesorgt,
denn ich weiß: Es kann nirgends besser werden
als mit Gott.
Der mich immer versteht,
vor, hinter, neben mir steht,
jeden Tag mit mir geht
und ich will, dass ihr an mir seht
dass Er auch heute noch lebt.
Dass Er eines erstrebt:
Dass Er uns aus der Asche
unserer Gedanken erhebt,
damit wir frei werden.
Frei werden von Grenzen und Schranken,
von zerstörerischen Menschengedanken,
die nur dazu veranlassen,
lebendig unser Leben zu verpassen,
uns selbst zu hassen,
Leute um uns einzuteilen in Klassen.
Das können wir jetzt lassen!
Denn durch Ihn ist jeder wertvoll
und es gibt nichts, was man dafür tun soll.
Nicht leisten und auch nicht denken.

Allein bin ich mit meinem Atem,
an dem mein Leben hängt
und Jesus in mir, der mir Leben schenkt.

MEHR

Ich weiß nicht, was sich hinter deinem „mehr"
verbirgt,
doch ich bin sehr verwirrt,
weil ich Dich eh limitier
und Du dennoch alles sprengst,
was ich sonst so kenn.

Eine neue Dimension von „groß",
unbeschreiblich, grenzenlos,
als ich an meine Grenzen stoß,
erkenn ich dankbar „Du bist Gott"
und immer schon
habe ich auf Deinem Schoß gewohnt.

Selbst wenn Stürme mich umgaben,
sich Mauern auftürmten aus Fragen,
wusste ich mich stets getragen
aus reiner Gnade,
trotz meines Versagens.
Trotz meiner Sünden
lässt Du Dich finden,
die Zweifel verschwinden,
weil ich bei Dir bin
und Du Leiden linderst.

Längst weiß ich, dass es auf dieser Welt noch
„mehr" gibt,
doch dass dieses „mehr" mich so sehr liebt,
dass es gern alles hergibt?
Damit zu rechnen klingt schon selbstverliebt.
Und doch ist es wahr.
Was Du wohl in mir sahst,
als Du für mich starbst,
ist unvorstellbar.

Was hast Du nur gesehen?
Ich sehe an mir selbst meist wenig Gutes.
Ich sehe mich oft als so mutlos,
während Du für mich verblutest,
geht es mir um meinen Ruf und
ich erzähle wieder nicht, was Du tust.
Und wie oft bin ich Dir nicht treu gewesen.
Du gabst für mich Dein ganzes Leben,
nur ich dachte, mir würde Stolz besser stehen
und ich leugne weiter
bis der Hahn wieder kräht.
Dennoch bereutest Du nie Deinen Weg,
egal, wie ich meiner Befreiung selbst im Wege
steh.

Ganz oder gar nicht heißt Deine Devise,
komplette Hingabe, selbst wenn wir sie nicht
verdienen.

Du steigst über Grenzen und Schranken,
Dich begreifen nie Menschengedanken.
Wo manche noch Sklaven von Angst sind,
bist Du jetzt mein Anker,
ich bin mehr als nur dankbar.
Und ich weiß schon, ich kann zwar
niemals fehlerlos sein.
Doch Du sagst, ich sei eben so Dein.
Das ist mehr als ich kenne,
mehr als ich Liebe nenne.

Viele würden Dich als naiv bezeichnen,
denn ich weiß,
ich kann niemals Deinen
Zenit erreichen
und genauso frei sein, solange ich hier bin.
Doch Du weißt, was Du tust.
Für Dich bin ich mehr als genug.
Danke, denn Du bist mehr als nur gut.

Über alles

Alles schmiegt sich an Dich.
In Sicherheit wiegst du mich
so lange, bis ich ruhig bin.
Du siehst mich an wie ein Kind,
fast schon vor Liebe blind,
als Du mich an Dich ziehst
und ich nie mehr weggehen will.

Ich fühle Deinen Blick
und er schenkt mir Zuversicht,
dass bei Dir alles sicher ist,
was hier draußen sonst zerbricht.

Du bist mein Licht am Ende des Tunnels.
Jetzt habe ich dich endlich gefunden
und schon ruhen meine Wunden,
werden heilen und gesunden.

Ich spür keine meiner Schmerzen,
wenn ich bei Dir bin und merke,
dass Du über alles Herr bist –
über Himmel, über Erde
und auch in meinem Herzen.

BONUS: Testimony Time

Vater bitte lass mich testimony sein.
Danke, denn alles, was ich heute bin,
weist auf Deine Größe und Gnade hin.
Nicht länger verloren, sondern Königskind.

Ich war verloren, weil ich etwas suchte,
das mein Herz erfüllen kann und bereichert;
Doch bin auf der Suche krass gescheitert,
weil ich nicht wusste,
dass diese Welt so unglaublich leer ist,
dass überall Egoismus Herr ist
und nur dunkel geahnt hab, dass da noch mehr
ist.

Dass Du noch mehr bist.
Ich hab gesucht, bis Du mich fandest.
Wie ein Fisch, der ausgetrocknet und gestrandet,
angewiesen auf eine Hand ist,
um ins Wasser geführt zu werden
und genährt, um nicht zu sterben.

Da waren Atemzüge, ich dacht, sie wären die
letzten.
Dachte, dass ich zu verletzt bin.
Wusste, ich kann nichts mehr geradebiegen.

Wusste, dass meine Kräfte nicht genügen,
um mich zu befreien aus diesem Knast aus
Lügen.
Ganz auf Hilfe angewiesen,
Doch mir war niemand geblieben.
Jede Hoffnung längst abgeschrieben.

Doch dann das Wunder:
Jemand hat entschieden,
mich zu lieben.
Keinen besseren Menschen, nein, genau diesen.

Scherbenhaufen beschreibt,
Was Gott bei mir fand.
Aber was Er sah, übertrifft meinen Verstand.
Er sah für mich Zukunft,
Er sah für mich Licht.
Er sah auf mein Herz und
auf seine Fehler nicht.
So anders als ich.

Endlich durfte ich Fehler zugeben,
abgeben,
mich davon abheben,
neu leben,
vergeben -
war auch mir ab diesem Moment,
all das völlig unverdient,

weil Er nicht richtet, sondern liebt.

Meine neue Chance war teuer erkauft,
weil Vergehen Strafe zur Gerechtigkeit braucht.
Doch brächte ich auch
alles, was ich kann und habe auf,
wäre es dennoch nicht genug.
Also musste jemand das für mich tun.
Und das tat Er. Er hat buchstäblich alles
gegeben,
Hat nichts für sich behalten, auch nicht sein
Leben.

Nur deshalb kann ich heut wieder stehen,
mich selbst sogar als liebenswert sehen.
Nur deshalb bin ich heute, wer ich bin.
Deshalb hat mein Leben wieder Sinn.
Deshalb will ich nicht mehr schweigen,
sondern auf Ihn zeigen,
wenn Leute meinen,
Ausweg gäb es keinen.

Wenn sie sich wundern über meine Kraft,
will ich sagen: „ER hat den Unterschied gemacht
und ich allein hätte das nicht geschafft."
Und ich will Sein Wegweiser sein.
Leuten den Weg ins Leben zeigen,
denn meine Weisheit allein

wird nicht weit reichen.

Doch ich kann bezeugen und erklären:
Der Weg, die Wahrheit und das Leben;
Was wir suchen, ist nicht fern,
sondern in einem Buch gegeben,
das von Wundern spricht,
das Siegel über Wunden bricht,
ewig, lebendig, heilsam ist.

Ich kann bezeugen, dass es jemanden gibt,
der unter die Oberfläche ins Herz hinein sieht
und auch wenns sonst niemand tut – dich liebt.

Da ist Hoffnung, egal wo du im Leben stehst.
Ein Lichtblick, egal welchen Holzweg du wählst.
Bedingungslose Liebe.
Auch für DICH.

Epi(stel)log

Liebe Theresa,

wie gut, dass du deinem Inneren so viel Gewicht gabst, dass du darüber schreiben konntest.

Lange wolltest du nicht glauben, dass du echt so peinlich „schwache" Seiten an dir hast – jetzt liegen sie hier schwarz auf weiß vor dir und du kannst nichts mehr leugnen.

Im Gegenteil, du darfst stolz darauf sein. Zu empfinden heißt zu leben, heißt, nicht abgestumpft im Trott mitzustampfen, sondern durch das Tor der Phantasie davon ausbrechen zu können. Danke, dass du gefühlt und geschrieben hast. Danke, dass du da aber nicht stehen bliebst.

Nach dem Anerkennen deines Schmerzes war es die richtige Entscheidung, sowohl professionelle Hilfe als auch Mitmenschen zurate zu ziehen. Du bist nicht geschaffen, um zu leiden. Aber wenn etwas weh tut, **darfst du.**

Manche dieser Texte scheinen an manchen Tagen so fern, andere brandaktuell. Natürlich kannst du nicht immer alle zugleich fühlen, das wäre auch eine unerträgliche Spannung. Aber wie wunderschön ist es bitte, dass die ganze Bandbreite dieser Spannung zum Menschsein gehört?!

Wie schön, dass du gleichzeitig zum Lachen und Trauern imstande bist. Menschlichkeit, Emotion und Kunst sind nicht Geld, wie angeblich die Zeit. Sie sind „ineffiziente", kostenlose und sowieso unbezahlbare Geschenke.

Gott hat dich bis heute durch alle Höhen und Tiefen getragen und wird das auch weiterhin tun. Lebe, liebe weiter mutig voran!

DANKE!

Mehr als alles andere an den lebendigen Gott:
den Vater, Jesus Christus und den Heiligen
Geist. Ohne Ihn wäre ich nichts von dem, was
ich heute bin.

An Freundinnen und Freunde, die mich immer
liebten, wie ich war, aber nicht so ließen. Laura,
Rob, Kim, Elisabeth und weitere… ihr wisst,
dass ihr gemeint seid ♥

An meine Familie, die mich zu jedem Zeitpunkt
mehr liebte und unterstützte, als beide Seiten
vielleicht ahnten.

An mich selbst, weil ich nach jedem Fall wieder
irgendwie aufzustehen versuchte.

Vita

Theresa Conrady wurde 1999 im tiefsten Bayrischen Wald geboren und lebte dort auch, bis sie 2017 ihr Abitur absolvierte.

Danach stürzte sie sich in einen selbsternannten 3-jährigen „Life Bachelor", indem sie ein Jahr in Uganda und Kenia, ein weiteres in Küchen Münchener Restaurants und eines mit zwei Semestern Studium Sozialer Arbeit verbrachte und ihn mit dem Jakobsweg abschloss. Seit 2020 widmet sie sich dem akademisch anerkannten Bachelor der Sprachtherapie.

In ihrer Freizeit nimmt sie seit 2017 an Poetry Slams und Lesebühnen in ganz Bayern teil. Ihr Glaube an Jesus ist bei all dem weder ein Hobby noch eine Stütze, sondern das Fundament ihres Seins und Tuns.

Platz für dich…